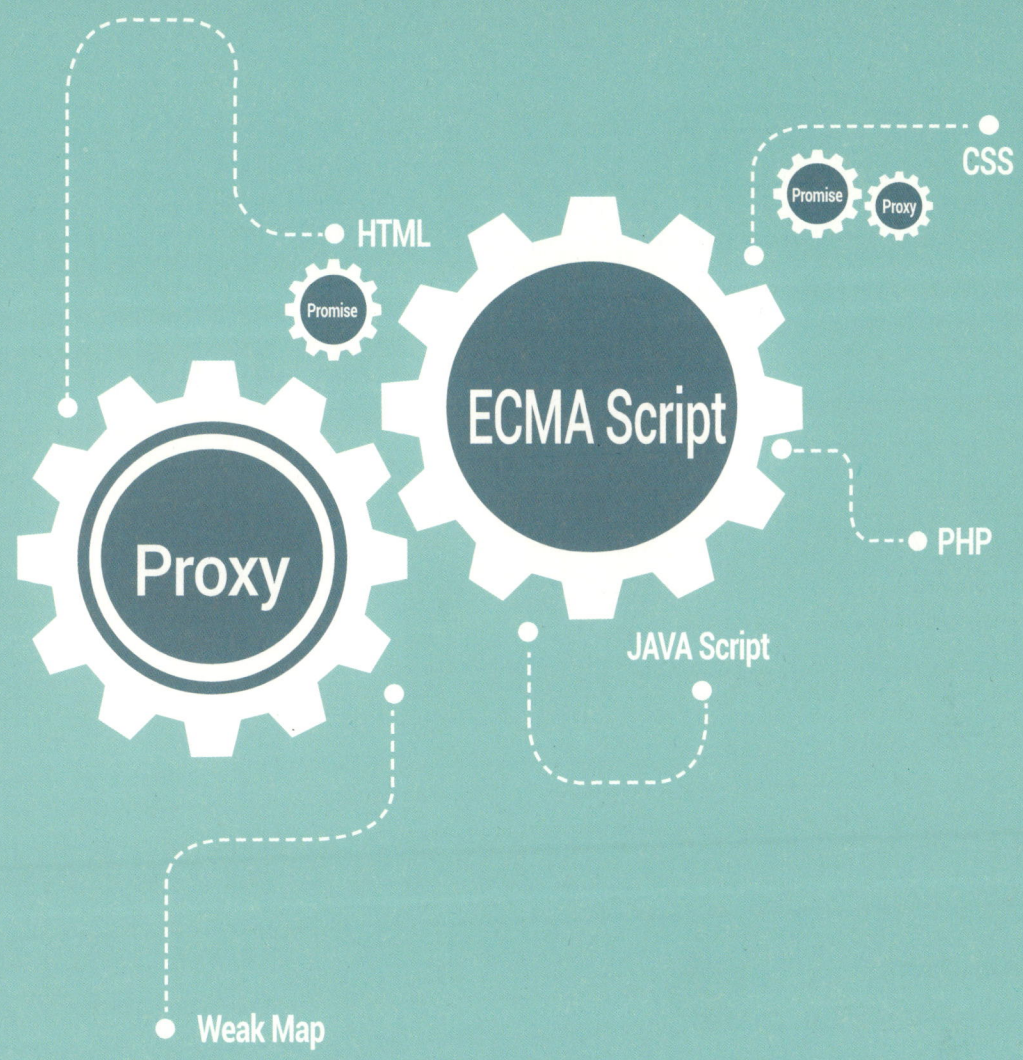

만들면서 이해하는
ECMAScript 6

만들면서 이해하는
ECMAScript 6
ECMAScript 2016 2017

핵심 문법은 예제로 익히고 앱 제작 실전프로젝트 만들며 응용한다!

1판 1쇄 발행 • 2018년 5월 15일
지은이 • 김규태
펴낸이 • 김병성
펴낸곳 • 앤써북
출판등록 • 제 382-2012-00007호
주소 • 경기도 고양시 일산 서구 가좌동 565번지
전화 • 070-8877-4177
FAX • 031-919-9852
정가 • 18,000원
ISBN • 979-11-85553-37-5 13000

이 책의 일부 혹은 전체 내용을 무단 복사, 복제, 전재하는 것은 저작권법에 저촉됩니다.
본문 중에서 일부 인용한 모든 프로그램은 각 개발사(개발자)와 공급사에 의해 그 권리를
보호합니다.

도서문의 • 앤써북 http://answerbook.co.kr

앤써북은 독자 여러분의 의견에 항상 귀기울이고 있습니다.

Preface
머리말

필자의 첫 번째 저서인 "Javascript + jQuery 입문 + 실전북"이 출간된 후 두 번째 저서 출간까지 4년 이라는 시간이 훌쩍 지나가 버렸습니다. 첫 책을 집필할 때와 지금의 웹 상황을 비교해 보면 웹트렌드에 많은 변화가 생겼습니다.
첫 번째 저서가 나오던 시기인 2014년은 jQuery 라이브러리를 이용한 웹콘텐츠 제작이 트렌드이었다면 2018년에는 Angular, React, Vue 등 MVC 프레임워크를 이용한 웹 어플리케이션 개발의 비중이 더 커진 것 같습니다.

그동안은 자바스크립트가 웹에서 보조적인 역할을 해왔다면 최근에는 중심적인 역할을 맡고 있다고 봐도 과언이 아닐 것 입니다. 특히 NodeJS의 등장으로 ServerSide 영역까지 범위를 넓혀갔고, Iot(사물인터넷)에도 많이 활용되고 있습니다. 이런 자바스크립트의 발전으로 인해 웹프론트엔드 개발자라는 직업군이 탄생하기도 하였고, 필자 또한 그 일원으로 함께하고 있습니다.

이번 책은 이런 새로운 트렌드를 만들어 낸 자바스크립트의 새로운 버전인 ECMA Script 6을 주제로 저술 하였습니다. 이론적인 내용을 읽고 직접 코드를 작성하여 학습하는 형태로 구성하여 입문자들도 접근하기 쉽도록 노력하였습니다. 아직 입문하지 못하였거나, 좀 더 학습을 필요로 하는 분들께 많은 도움이 되리라 생각합니다.

책을 보시면서 문의사항이 있으시거나, 사담을 나누실 분은 필자가 운영하는 http://www.webappstudy.com(웹앱스터디 카페)에 오셔서 편안하게 글 올려주시면 됩니다.

책에 이름과 사진을 싣지 못하였지만 원고를 읽고 조언해주신 분들께 지면을 통해 감사의 말씀드립니다. 또 주말에 집필에 전념할 수 있는 시간을 할애해준 와이프 주연이와 건강하게 잘 자라는 딸 하린이에게 늘 고맙고 사랑한다는 말 전합니다.

끝으로 독자분들께 진심으로 감사드리며, 행복한 한해가 되었으면 합니다.

저자 김규태

Schedule
맞춤 교육 시간표

하루에 한 시간씩 공부할 수 있는 총 7일, 4일 코스로 공부할 수 있는 교육 시간표입니다. 교육 목적과 환경에 따라 하루 20일 코스, 10일 코스 등 교육 기간과 일정을 맞춤 설계해봐도 좋습니다.

7일 코스

1일차	2일차	3일차
Chapter 1. ES6 살펴보기 1-1 ES6 소개 1-2 문서작성 1-3 환경설정 Chapter 2. 기본문법 2-1 let과 const	2-2 이터러블 규약과 이터레이터 규약 2-3 for...of문 2-4 템플릿 문자열	2-5 타입배열 Chapter 3. 내장객체 3-1 Generator 3-2 새로 추가된 컬렉션 (Map과 Set, WeakMap과 WeakSet)

4일차	5일차	6일차	7일차
3-3 Symbol 3-4 Promise 3-5 Proxy	Chapter 4. 연산자 4-1 펼침연산자 4-2 비구조할당 Chapter 5. 함수 5-1 나머지 매개변수 와 기본 매개변수 5-2 화살표함수	Chapter 6. 클래스와 모듈 6-1 Class 6-2 Module	Chapter 7. 실전 예제 7-1 구조 설계 7-2 코드 작성 Chapter 8. 부록 8-1 ECMAScript 2016 8-2 ECMAScript 2017

4일 코스

1일차		2일차	
Chapter 1. ES 6 살펴보기 1-1 ES 6 소개 1-2 문서작성 1-3 환경설정	Chapter 2. 기본문법 2-1 let과 const 2-2 이터러블 규약과 이터레이터 규약 2-3 for...of문 2-4 템플릿 문자열 2-5 타입배열	Chapter 3. 내장객체 3-1 Generator 3-2 새로 추가된 컬렉션 (Map과 Set, WeakMap과 WeakSet) 3-3 Symbol 3-4 Promise 3-5 Proxy	Chapter 4. 연산자 4-1 펼침연산자 4-2 비구조할당

3일차		4일차	
Chapter 5. 함수 5-1 나머지 매개변수와 기본 매개변수 5-2 화살표함수	Chapter 6. 클래스와 모듈 6-1 Class 6-2 Module	Chapter 7. 실전 예제 7-1 구조 설계 7-2 코드 작성	Chapter 8. 부록 8-1 ECMAScript 2016 8-2 ECMAScript 2017

※ 웹앱스터디 카페(http://cafe.naver.com/webappstudycafe)에서 다양한 코스의 스터디에 참여해 보세요.

독자지원센터

책을 보시면서 궁금한 사항, 활용하시는데 필요한 모든 것을 앤써북 독자지원센터와 저자가 운영하는 카페에서 도와드립니다.

[책 소스/자료 받기]

■ 앤써북 카페 이용하기

이 책과 관련된 모든 소스 파일은 앤써북 카페(http://answerbook.co.kr)의 [책 소스/자료 받기]-[책 소스 파일 받기] 게시판에서 "[소스 다운로드]ECMAScript 6 책 소스" 게시글에서 다운로드 받을 수 있습니다. [카페 가입하기] 버튼을 클릭하여 회원가입 후 다운로드 받습니다.

■ 웹앱스터디 카페 이용하기

저자가 운영하는 웹앱스터디 카페(http://cafe.naver.com/webappstudycafe)에서 책 소스를 다운로드 받을 수 있고, 책을 보면서 궁금한 내용을 질문하고 답변 받을 수 있습니다. 또한 혼자 책을 공부하기가 막막하다면 저자 직강이나 특강 및 관련 교육을 듣거나 함께 공부하는 사람들을 만나서 스터디는 물론 궁금한 점에 대해서 서로 의견을 공유해 봅시다.

Contents
목 차

Chapter 01 ECMAScript 6 살펴보기

01-1 ECMAScript 6 소개 • 14
01-2 문서 작성하기 • 17
01-3 환경 설정하기 • 18

Chapter 02 기본 문법

02-1 let과 const • 24
    2-1-1 let • 24
    2-1-2 const • 28
    단원 핵심 정리 • 29
    문제풀면서 복습하기 • 30

02-2 이터러블 규약과 이터레이터 규약 • 32
    2-2-1 이터러블 규약과 이터러블 객체 • 32
    2-2-1 이터레이터 규약과 이터레이터 객체 • 34
    단원 핵심 정리 • 35
    문제풀면서 복습하기 • 36

02-3 for...of 문 • 38
    단원 핵심 정리 • 41
    문제풀면서 복습하기 • 42

02-4 템플릿 리터럴 • 44
    2-4-1 여러 줄 문자열 • 44
    2-4-2 보간 표현법 • 46
    2-4-3 태그드 템플릿 리터럴 • 46
    `단원 핵심 정리` • 48
    `문제풀면서 복습하기` • 49

02-5 타입 배열 • 53
    버퍼 • 53
    뷰 • 54
    `단원 핵심 정리` • 55
    `문제풀면서 복습하기` • 56

Chapter 03 내장 객체

03-1 제너레이터 • 60
    3-1-1 제너레이터 이어붙이기 • 63
    3-1-2 제너레이터 객체의 메서드 • 64
    `단원 핵심 정리` • 67
    `문제풀면서 복습하기` • 68

03-2 새로 추가된 컬렉션 • 70
    3-2-1 맵 • 70
    3-2-2 객체와 맵의 차이점 • 70
    3-2-3 맵 속성 • 72

Contents
목 차

3-2-4 맵 메서드 • 72

3-2-5 셋 • 76

3-2-6 위크맵 • 81

3-2-7 위크셋 • 82

<단원 핵심 정리> • 84

<문제풀면서 복습하기> • 85

03-3 심볼 • 88

<단원 핵심 정리> • 91

<문제풀면서 복습하기> • 92

03-4 Promise • 93

<단원 핵심 정리> • 99

<문제풀면서 복습하기> • 100

03-5 프록시 • 102

3-5-1 trap • 103

<단원 핵심 정리> • 110

<문제풀면서 복습하기> • 111

Chapter 04 연산자

04-1 펼침 연산자 • 114

<단원 핵심 정리> • 118

<문제풀면서 복습하기> • 119

04-2 비구조할당 • 120

    4-2-1 배열 디스트럭쳐링 • 121

    4-2-2 객체 디스트럭쳐링 • 122

    단원 핵심 정리 • 125

    문제풀면서 복습하기 • 126

Chapter 05 함수

05-1 나머지 매개변수와 기본 매개변수 • 130

    5-1-1 나머지 매개변수(Rest Parameter) • 130

    5-1-2 기본 매개변수(Default Parameter) • 132

    단원 핵심 정리 • 134

    문제풀면서 복습하기 • 135

05-2 화살표 함수 • 136

    단원 핵심 정리 • 142

    문제풀면서 복습하기 • 143

Contents
목 차

Chapter 06 클래스와 모듈

06-1 클래스 • 146
    6-1-1 클래스 선언 • 146
    6-1-2 생성자 함수 • 147
    6-1-3 프로토타입 메서드 • 148
    6-1-4 정적 메서드 • 149
    6-1-5 상속 • 150
    단원 핵심 정리 • 155
    문제풀면서 복습하기 • 156

06-2 모듈 • 160
    6-2-1 모듈에 맞는 브라우저 설치 • 160
    6-2-2 모듈 선언 • 162
    단원 핵심 정리 • 167
    문제풀면서 복습하기 • 168

Chapter 07 실전 프로젝트

07-1 TODO List 앱 살펴보기 • 174
07-2 TODO List 구조 잡기 • 175
07-3 코드 작성하기 • 177

APPENDIX ECMAScript 2016 & 2017 주요 특징

APPENDIX-1 ECMAScript 2016 주요 특징 • **188**
  배열과 타입 배열에 추가된 메서드 • **188**
  지수 연산자 • **189**
  기타 주요 특징 • **189**

APPENDIX-2 ECMAScript 2017 주요 특징 • **190**
  객체에 추가된 메서드 • **190**
  문자열에 추가된 메서드 • **192**
  비동기 함수 • **192**

찾아보기 • **194**

ECMAScript 6

이번 장에서는 ES6의 소개와 학습에 앞서 필요한 예제 파일 다운로드, 환경 설정 방법을 살펴보겠습니다. 또한 문서 작성 방법과 비동기 API 예제 학습을 위해 로컬 서버를 구성해 보겠습니다.

ECMAScript 6
살펴보기

01-1 ECMAScript 6 소개
01-2 문서 작성하기
01-3 환경 설정하기

01-1
ECMAScript 6 소개

ECMAScript를 설명하기에 앞서 스크립트 언어(Script Language)가 무엇인지 간략하게 개념에 대해서 알아보겠습니다. 일반적으로 프로그래밍 입문 시 C, Java 등 컴파일을 해야 실행되는 언어를 배우게 됩니다. 이들 컴파일 언어는 프로그램이 실행할 때 작성한 코드를 컴퓨터가 이해할 수 있게 기계어로 변환하게 되는데, 이를 컴파일 과정이라고 합니다. 컴파일 언어는 변환 과정이 필요하지만 컴파일이 완료되면 이후부터는 빠르게 실행되는 장점이 있습니다.

반면 스크립트 언어는 컴파일 과정을 거치지 않고 바로 실행되어 결과를 확인할 수 있어 수정도 빠르게 할 수 있다는 장점이 있습니다. 반면 실행이 느리다는 단점이 있습니다. 이런 특징으로 인해 응용 소프트웨어를 제어하거나 웹 어플리케이션에 많이 사용됩니다.

ECMAScript(에크마스크립트)는 이런 스크립트 언어들의 표준(Standard)인데, 줄여서 'ES'라고 합니다. 현재 공식 최신 버전은 ECMAScript 6이며, 줄여서 'ES6'이라고 합니다. 이름에서도 예측할 수 있듯 6은 버전을 의미합니다. 현재까지 공식 발표된 ECMAScript 버전은 1~6이며, 안타깝게 4 버전은 발표 후 반응이 엇갈려 폐기되었습니다. 또한 ES 2016과 ES 2017은 ES6에 비해 큰 변화는 없는 버전입니다.

| ES1 | ES2 | ES3 | ES5 | ES6 | ES2016 | ES2017 |
| 1997년 | 1998년 | 1999년 | 2009년 | 2015년 | 2016년 | 2017년 |

▲ ECMAScript 버전

ECMAScript = JavaScript는 아니지만, JavaScript는 ECMAScript를 표준으로 두고 기능들을 추가하여 만들어졌습니다. 그렇기 때문에 JavaScript를 알려면 해당 버전의 ES 명세를 확인해야 합니다.

ECMAScript의 기준에 따라 구현한 스크립트 언어는 여러 가지 있지만 그 중 대표적인 것은 자바스크립트(JavaScript)입니다. 자바스크립트는 꾸준히 성장하고 있고 *프론트엔드(Front-End)와 *백엔드(Back-End)에 사용하는 프로그램이 언어로 사용되고 있습니다.

> **＊ 프론트엔드와 백엔드란**
> - 프론트엔드(Front-End)는 유저에게 보여지는 화면 영역을 다루는 것입니다. 예를 들면 웹페이지를 만드는 기술이라 할 수 있고, 눈에 보이는 것을 만들기 위해서는 프론트엔드 기술이 필요합니다. 프론트엔드 개발자는 HTML, CSS, JavaScript, jQuery 등을 활용하여 웹을 구현합니다.
> - 백엔드(Back-End)는 눈에 보이지 않는 영역을 다루는 것입니다. 예를 들면 서버와 연동하는 작업이 이루어지는 곳이 백엔드라 할 수 있습니다. 백엔드 개발자는 웹서버 구축, DB연동, Java, Jsp, Spring Framework 등을 활용합니다.

ECMAScript에 대해서 좀 더 살펴보자면 ECMA는 Ecma International 기관 앞의 ECMA를 딴것입니다. 이 기관은 국제 정보 통신 시스템 표준화를 위한 비영리 단체인데, 원래는 Ecma International이 아닌 ECMA(European Computer Manufacturers Association)에서 좀 더 국제적으로 확장하기 위해 International을 붙여 이름을 변경하였습니다.

명칭에서 알 수 있듯 국제 정보 통신 시스템 표준화라는 넓은 범위의 표준안을 만들어 발표하고 있는데, 그 중 자바스크립트도 ECMA-262라는 이름으로 표준화되고 있고, 1997년 초판을 시작으로 지금까지 6(ES 2016, ES2017은 제외)판이 발표되었습니다.

지금까지 발표된 6개의 버전 중 ES6은 조금 특별합니다. 초판 이후 새로운 버전들은 뚜렷하게 큰 변화는 없었습니다. 하지만 ES6은 기존과는 다르게 긴 준비기간을 거쳐 다양한 API 추가와 편의 기능을 제공하는데, 향상된 주요 기능 중에는 모듈과 클래스의 추가, 어휘 블록 범위 지정, 반복자와 생성자, 비동기 프로그램의 구조 패턴을 제공하는 promise, map과 set 컬렉션, 간단한 함수 선언인 화살표 함수와 문자열 치환 등 다양한 부분에서 기능이 크게 향상되었습니다.

ES6의 발표는 많은 라이브러리에 영향을 주었습니다. Node.js도 4버전 부터 ES6을 도입하였고, AngularJs, eact, vue 등도 ES6에 맞춰 개편되었을 만큼 빠르게 확산되고 있습니다.

이처럼 ES6은 앞으로 발전해나갈 자바스크립트의 새로운 방향이라고 볼 수 있으며, 이미 많은 결과물을 보여주고 있습니다. 그러므로 ES6의 학습은 선택이 아닌 필수가 되었습니다.

01-2
문서 작성하기

본격적인 학습에 앞서 문서를 작성하는 방법에 대해서 알아보겠습니다.

편집기의 새 창에서 다음과 같이 문서를 작성한 후 sample.html 파일명으로 저장합니다.
자바스크립트는 〈script〉아래 작성해 주시면 됩니다.

sample.html
```html
<!DOCTYPE html>
<html>
<head>
<title>구조생성</title>
    <script type="text/javascript">
        // 여기에 코드를 작성합니다.

        let subject = 'ES6';
        let str = `이 책의 주제는 ${subject}입니다.`;
        console.log(str);   ← 결과는 '이 책의 주제는 ES6입니다.'
    </script>
</head>
<body>
</body>
</html>
```

01-3
환경 설정하기

이 책은 여섯 개의 챕터와 하나의 실전 예제로 구성되어 있습니다. 각 챕터별로 다양한 실습 예제가 수록되어 있어 관련 내용을 학습하고 직접 테스트 해볼 수 있도록 구성되어 있습니다. 이 책에서 설명한 예제 파일은 앤써북 카페에서 [책소스/자료 받기]-[책 소스 파일 받기] 게시판 또는 깃허브에서 내려받을 수 있습니다.

- 앤써북 홈페이지 카페 : http://www.answerbook.co.kr
- 깃허브(GitHub) : https://github.com/UNCHA/EXMASCRIPT6_EXAMPLE

깃허브를 모르시는 분은 위 링크 주소에 접속 후 다음 페이지에서 [Clone or download]-[Download Zip] 버튼을 클릭하여 내려받은 후 압축을 풀고 학습을 진행하면 됩니다.

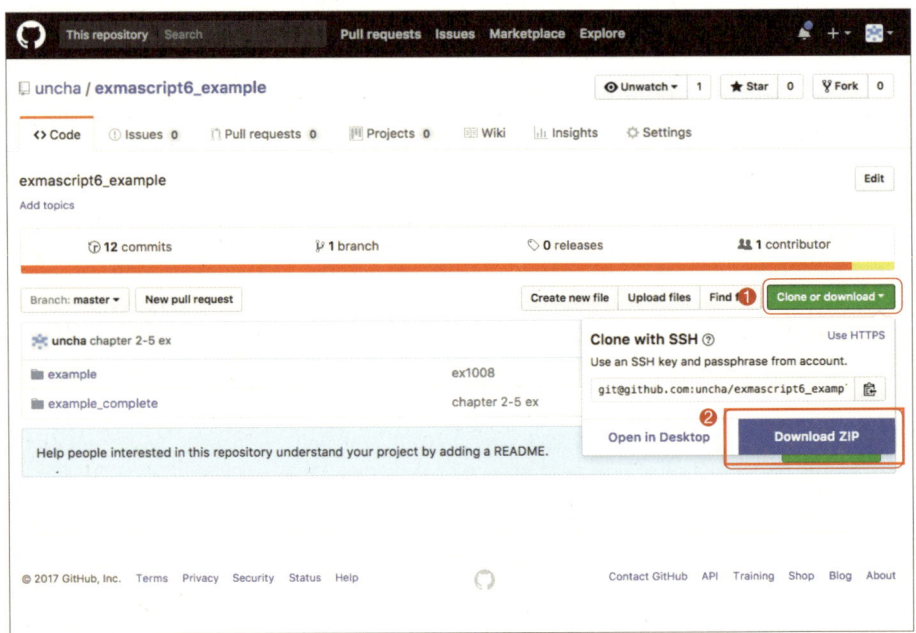

책의 내용은 특정 에디터로 구성하지 않았으니, 평소 사용하시는 에디터로 학습하셔도 됩니다. 아직 에디터를 정하지 못하셨다면 sublime text, atom, brackets 등은 무료이면서 기능도 좋으므로 추천해 드립니다.

책의 예제 중에는 AJAX 등 비동기 API를 사용해야 하는 경우가 있습니다. 이 때 서버 환경을 구축해 주지 않으면 실행되지 않으므로, 간단하게 local 서버 환경을 구축해 주는 chrome 웹앱인 Web Server for Chrome를 설치하도록 하겠습니다.
설치 파일은 해당 앱 Github(https://github.com/kzahel/web-server-chrome) 페이지 아래에서 [Available in the Chrome web store] 링크 버튼을 클릭하여 제공하는 링크를 통해 크롬 웹스토어로 이동하겠습니다.

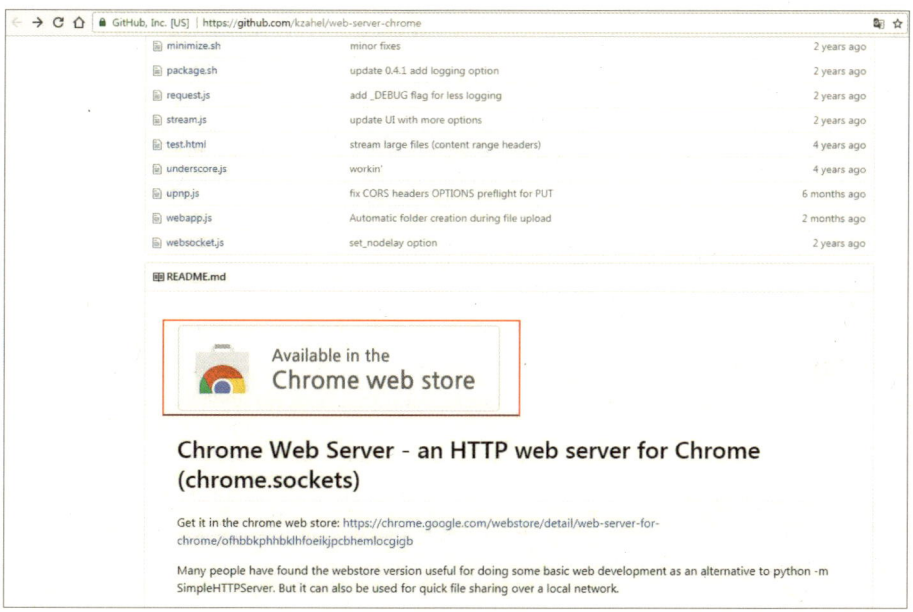

다음과 같이 크롬 웹스토어의 Webserver for Chrome 앱을 다운로드 받을 수 있는 창이 열립니다.

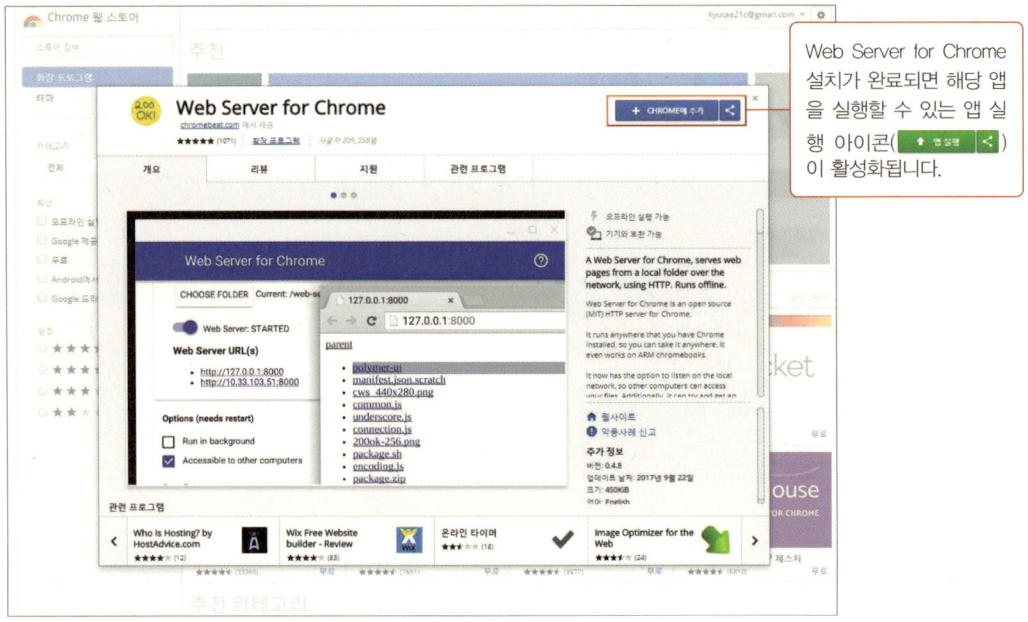

설치를 완료한 뒤 해당 앱을 실행하면 아래 그림과 같이 앱이 실행됩니다.

박스 표시된 [CHOOSE FOLDER] 버튼을 클릭하면 폴더 선택 창이 열리는데 개발중인 프로젝트를 선택한 뒤, 그 아래 Web Server URL(s) 타이틀 및 링크를 클릭하면 localhost 상태로 프로젝트가 브라우저에서 실행됩니다.

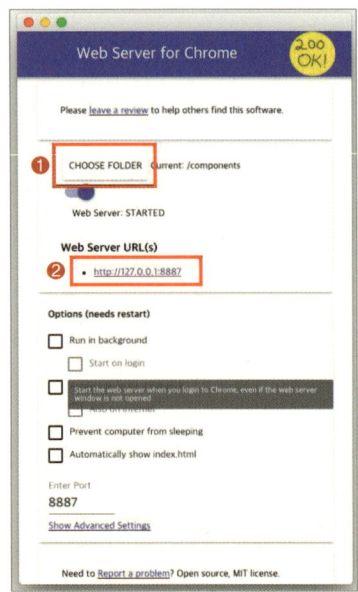

아래 이미지는 앱에서 localhost를 실행한 화면입니다.

주소가 아래처럼 아이피가 만들어 졌으면 제대로 실행된 것입니다.

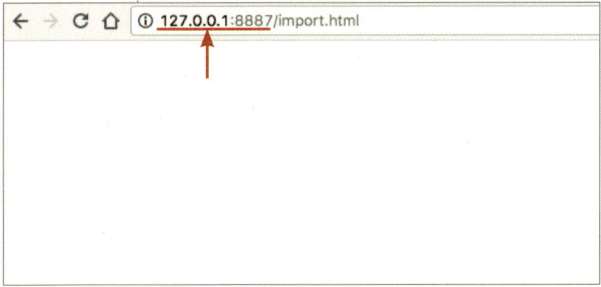

이제 학습할 준비가 되었으니, 본격적으로 예제와 함께 학습해 보도록 합시다.

E C M A S c r i p t 6

이번 장에서는 변수 또는 함수 선언 시 불명확한 스코프의 범위와 함수 끌어올림 등 알기 어려운 내부 동작을 정리한 let 과 const를 살펴보고, 객체를 순회하기 위한 새로운 규약과 순회 방법을 알아보겠습니다. 그리고 문자열 안에 쉽게 표현 식을 추가할 수 있는 템플릿 문자열과 이진데이터를 효율적으로 관리할 수 있는 타입 배열을 알아보겠습니다.

기본 문법

02-1 let과 const
02-2 이터러블 규약과 이터레이터 규약
02-3 for...of 문
02-4 템플릿 리터럴
02-5 타입 배열

02-1
let과 const

2-1-1 let

기존에 사용해온 var는 다른 개발 언어와는 달리 선언문의 생략 또는 중복된 변수명으로 선언이 가능하다던지 함수 끌어올림 등의 동작방식으로 개발에 혼란을 주는 등 가독성이 매우 떨어졌습니다. let은 이런 점을 보완하기 위해 보다 엄격한 규정을 적용하였습니다.

let은 var와 다르게 블록에서 스코프가 설정됩니다

var는 함수 블록에서는 스코프가 설정되지만, 그 외 블록에서는 *스코프(scope)가 설정되지 않아 변수가 공유됩니다.

```
Function(){
    var scope 범위
    {
        let scope 범위
    }
}
```

> * 스코프란?
> 변수 또는 함수의 접근 가능한 범위를 의미합니다. 즉 변수와 상수, 매개변수가 언제 어디서 정의되는지 결정합니다.

먼저, 함수 블록에서 var의 스코프 설정에 대해서 살펴보도록 하겠습니다.

```
var a = 100;        ← 변수 a를 선언
function f(){
    var a = 200;    ← 함수 블록안에서 같은 변수 a를 선언
    console.log(a); ← 여기서 a의 값은 200
}
console.log(a);     ← 여기서 a의 값은 100
```

위 코드를 보면 함수 블록 안밖에서 같은 변수 a를 선언하고 있지만, 안과 밖은 각각 다른 스코프가 설정이 되어 밖의 값은 100, 안의 값은 200이 됩니다.

이처럼 함수 블록 안과 밖은 변수가 서로 공유되지 않아 함수 밖의 값이 100을 유지하고 있음을 볼 수 있습니다.

이번에는, 함수가 아닌 블록에서 var의 스코프 설정을 살펴보도록 하겠습니다.

```
var a = 100;        ← 변수 a를 선언
if(a > 0){
    var a = 200;    ← 함수 블록안에서 같은 변수 a를 선언
    console.log(a); ← 여기서 a의 값은 200
}
console.log(a);     ← 여기서 a의 값은 200
```

처음 소스와 달리 함수를 조건문으로 바꿨더니 블록 안쪽에서 스코프가 설정되지 않아 변수가 안팎으로 공유되어 조건문 블록 밖 변수의 값이 200으로 변경되었습니다.

이처럼 var는 함수 이외 블록에서는 변수가 공유됨을 볼 수 있습니다.
let은 이를 보완하여 블록 안쪽에서 스코프 설정이 되도록 하고 있습니다.
위의 예를 let으로 변경하여 살펴보도록 하겠습니다.

```
let a = 100;        ← 변수 a를 선언
if(a > 0){
    let a = 200;    ← 함수블록안에서 같은 변수 a를 선언
    console.log(a); ← 여기서 a의 값은 200
}
console.log(a);     ← 여기서 a의 값은 100
```

이번에는 var를 let으로 변경해 보았습니다. var와는 달리 let은 조건문 블록에서도 스코프가 설정됨을 볼 수 있습니다. 이처럼 let을 이용하면 함수 이외의 블록에서도 스코프 설정이 가능해집니다.

var는 반복문 안에서 변수가 공유되는 문제가 있었는데, let으로 이를 개선하였습니다

var는 반복문 안에서 변수가 공유되는 문제가 있습니다. 이는 반복문 안에 비동기 함수를 호출할 경우 문제가 될 수 있습니다.

```
Function(){
    for(){
            let scope 범위
    }
}
```

다음 코드를 살펴보도록 하겠습니다.

```
for(var i=0; i<10; i++){
        setTimeout(function(){         ← 반복문이 진행되면서 setTimeout 함수를 호출
                console.log(i);         ← 결과값은 모두 9
        }, 100);
}
```

위 코드의 의도는 0,1,2,3,4,5… 이런식으로 0.1초 뒤 결과가 출력되는 것인데, 결과값은 모두 9가 됩니다.

이는 비동기인 setTimeout 함수 콜백이 공유돼 실행 시점이 반복문보다 늦어 변수의 값이 모두 9가 되었습니다.

이런 문제가 let에서 개선되었습니다.

```
for(let i=0; i<10; i++){
        setTimeout(function(){        ← 반복문이 진행되면서 setTimeout 함수를 호출
                console.log(i);       ← 결과값은 모두 0,1,2,3,4,5...
        }, 100);
}
```

var를 let으로 변경해 보았습니다. 결과값이 원하는 대로 출력되는 것을 확인할 수 있습니다.

let은 같은 스코프 내에서 변수 중복 선언이 불가능합니다

var는 같은 스코프 내에서 변수 중복 선언 시 이전에 선언된 변수가 덮어씌워지지만, let은 이를 허용하지 않도록 변경하기 때문에 변수 중복 선언 시 다음과 같은 SyntaxError가 발생합니다.

```
function f(){
        let a = 100;
        let a = 200;    ← SyntaxError 발생
}
```

let은 함수 끌어올림이 되지 않습니다.

var은 *함수 끌어올림(hoisting)이 되어 아래 코드와 같은 상황에서 에러가 발생하지 않았습니다. 이는 자바스크립트의 함수 호출 처리방식에 의해서 발생하는 현상이었습니다.

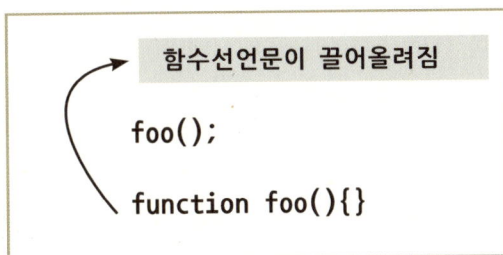

* **함수 끌어올림(hoisting)**
자바스크립트가 실행될 때 변수 선언문이나 함수 선언문을 읽기 전에 선언된 변수와 함수들을 다른 무엇보다도 먼저 읽어 Scope의 최상위에 위치시킵니다.

```
function f(){
    console.log(a);    ← 구문상 선언 전인 변수의 값이 출력된다. 출력값은 100
    var a = 100;
}
```

let은 이를 허용하지 않아, 같은 구문에서 ReferenceError를 발생시킵니다.

```
function f(){
    console.log(a);    ← 선언 전인 변수에 접근하자 ReferenceError 발생
    let a = 100;
}
```

2-1-2 const

다른 개발 언어처럼 자바스크립트에도 상수 선언문(const)이 추가되었습니다.
상수의 특징은 변수와는 달리 선언 시에 반드시 초기값을 할당해줘야 하며, 한번 선언된 상수값은 변경할 수 없는 불변(Immutable)값입니다. 즉, 변경되지 않을 상수는 const로 정의하면 됩니다.

```
const MY_NAME;            ← 초기값을 할당하지 않아 SyntaxError 발생
const MY_NAME = "Kim";
MY_NAME = "LEE";          ← 값을 변경하려 하면 TypeError 발생
```

상수명의 표기는 대체적으로 대문자만을 사용하고, 단어 사이에 언더바(_)를 넣어 구분합니다. 이는 쉽게 상수를 구별할 수 있는 방법입니다.

```
const MY_NAME = "kim";
```

상수는 let과 같은 스코프 설정 규칙을 갖으며, 상수 또한 중복 선언과 함수 끌어올림(hoisting)이 되지 않도록 하는 엄격한 규정을 갖습니다.

단|원|핵|심|정|리

이 장에서는 let과 const에 대해서 알아봤습니다.
var, let, const의 차이를 표로 정리하였습니다.

	var	let	const
스코프	함수	블록	블록
스코프내 중복 선언	가능	불가능	불가능
끌어올림(hoisting)	일어남	일어나지않음	일어나지않음
값 변경	가능	가능	불가능(Immutable)

문|제|풀|면|서|복|습|하|기

1 let과 const로 변수와 상수를 선언해 봅시다.

다음과 같이 코드를 작성해 주세요.

example/chapter2/2-1/ex01.html

```
1  let lastName = "kim";
2  const LAST_NAME = "kim";
```

let과 const로 변수와 상수를 선언해 보았습니다.

2 let과 var가 switch문에서 스코프 설정이 어떻게 다른지 테스트 해봅시다.

다음과 같이 코드를 추가해 주세요.

example/chapter2/2-1/ex02.htm

```
1   (function(){
2       var a = 100;
3       switch(a){
4               case 100:
5                       var a = 200;
6                       break;
7       }
8       console.log(a);
9   })();
10
11  (function(){
12      let a = 100;
13      switch(a){
14              case 100:
15                      let a = 200;
16                      break;
17      }
18      console.log(a);
19  })();
```

작성된 코드를 브라우저에서 실행시키고 개발자도구의 Console에서 결과를 확인해 봅시다.

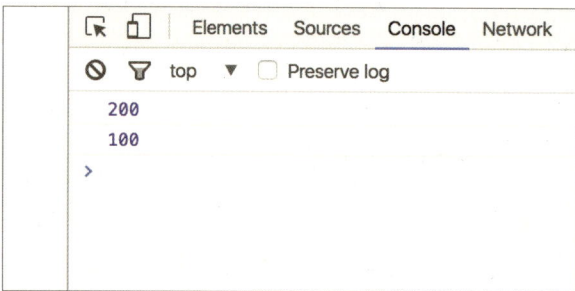

Console에 출력된 결과를 보면, var로 선언한 변수 a의 값은 200이고 let으로 선언한 변수 a의 값은 100으로 서로 다른 결과값을 보여줍니다.

다음 코드를 보면서 위 결과의 원인을 알아보겠습니다.

```
1  (function(){
2      var a = 100;
3      switch(a){
4          case 100:
5              var a = 200;     ← switch문 블록 안에 (2라인)에서와 같이 변수 a를 선언
6              break;
7      }
8      console.log(a);   ← a의 값은 200, var로 변수 선언 시 switch문의 블록 안에서 스코프 설정이 일어나
                            지 않기 때문에 switch문 안팎의 변수가 공유되며 밖의 변수는 안의 변수에 의해
                            덮어씌워져 출력된 변수의 값은 200이 됩니다.
9  })();
10
11 (function(){
12     let a = 100;
13     switch(a){
14         case 100:
15             let a = 200;     ← switch문 블록 안에 (12라인)에서와 같이 변수 a를 선언
16             break;
17     }
18     console.log(a);   ← a의 값은 100, let으로 변수 선언 시 switch문의 블록 안에서 스코프 설정이 일어
                            나기 때문에, switch문 안팎의 변수가 공유되지 않고 밖의 변수는 안의 변수에 의
                            해 영향을 받지 않아 출력된 변수의 값은 100이 됩니다.
19 })();
```

02-2
이터러블 규약과 이터레이터 규약

2-2-1 이터러블 규약과 이터러블 객체

이터러블 규약(Iterable Protocol)은 ES6에서 새로 추가된 for...of 문을 실행하여 반복될 때(iteration) 값이 열거(enumerable)되며, 내부적으로 *@@iterator 메서드가 구현되어 있어야 하는 규약입니다. 자바스크립트 내장 객체 중 Array, String, Map, Set, 함수의 arguments 객체(Object는 제외) 등이 이터러블 규약을 따르며 이를 '이터러블 객체(Iterable Object)'라고 합니다. 이들 모두 for...of 문을 통해 열거가 가능하지만, 열거되는 방식에는 차이가 있습니다.

기존에 알고 있는 Array와 String을 예로 들어 보겠습니다.

String의 경우 다음 그림과 같이 한 글자씩 열거가 되고, Array나 함수의 arguments 객체는 원소 하나씩 열거가 됩니다.

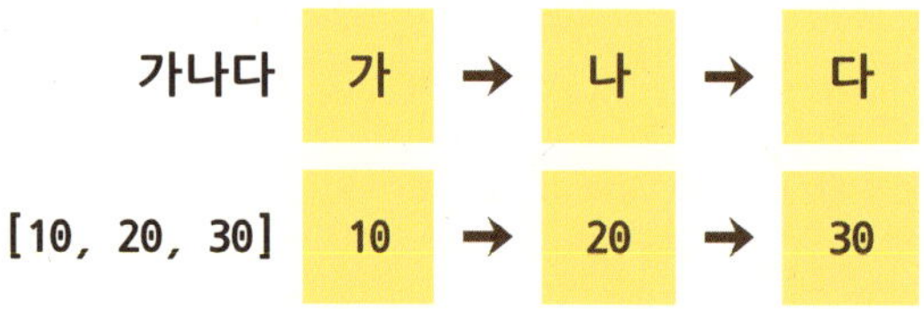

가나다 　가 → 나 → 다

[10, 20, 30] 　10 → 20 → 30

> * @@iterator : Symbol.iterator()를 줄여 @@iterator로 부릅니다.

아래 코드 예를 살펴보겠습니다.

- String iteration

```
let str = '가나다';
for(let value of str){
    console.log(value);     ← 출력되는 값은 가, 나, 다 (문자열 값을 순차적으로 한글자씩 전달)
}
```

- Array iteration

```
let arr = [10, 20, 30];
for(let value of arr){
    console.log(value);     ← 출력되는 값은 10, 20, 30 (배열의 원소를 순차적으로 전달)
}
```

위의 String과 Array은 열거 방식에는 차이가 있습니다. 이를 공통화하기 위해 내부적으로 각각 @@iterator 메서드를 구현하고 있습니다.

그러므로, 이터러블 객체에는 반드시 @@iterator 메서드가 구현되어 있어야 합니다.

@@iterator 메서드는 객체의 속성 또는 prototype chain의 객체 중 하나가 속성으로 Symbol.iterator 키를 가져야 합니다.

다음은 내장된 @@iterator 메서드의 예 입니다.

```
let str = '가나다';
let iterator = str[Symbol.iterator]();
```

이터러블 객체는 내장 객체뿐만 아니라 직접 @@iterator 메서드만 구현해주면 이터러블 객체의 생성이 가능합니다.

```
let iterable = {
    [Symbol.iterator]:function(){     ← @@iterator 메서드 추가 이터레이터 전달
    }
}
```

여기서 등장한 Symbol과 for...of 문 등은 다음 단원에서 자세히 설명하겠습니다.

2-2-2 이터레이터 규약과 이터레이터 객체

이터레이터 규약(Iterator Protocol)은 이터러블 규약(Iterable Protocol)과 마찬가지로 값이 열거 되지만, next 메서드를 통해서 하나씩 순차적으로 열거되어야 하는 규약입니다. 이때 열거되는 값의 형태는 객체이며 속성으로 value와 done을 갖습니다. value는 실제 값이 할당되며, done은 열거의 끝임을 알려주는데, 열거가 끝인 경우 값은 true를, 그렇지 않을 경우 false를 전달합니다. 이터레이터 규약을 따르는 객체를 모두 이터레이터 객체라고 부르며, 이터레이터 객체는 직접 구현하거나 내장된 @@iterator 메서드를 통해서 전달 받을 수 있습니다.

다음 코드는 배열에서 @@iterator 메서드를 호출하여 이터레이터 객체를 전달받은 예 입니다.

```
let arr = [1, 2, 3];
let iterator = arr[Symbol.iterator]();   ← 내장된 @@iterator 메서드를 호출하여 이터레이터 객체를 전달받음
iterator.next();   ← {value:1, done:false}
iterator.next();   ← {value:2, done:false}
iterator.next();   ← {value:3, done:false}
iterator.next();   ← {value:undefined, done:true} (순차적으로 열거뒤의 value값은 undefined, done은 true)
```

이터레이터 객체는 직접 구현하여 사용할 수 있습니다. 다음은 이터레이터 객체를 구현한 예 입니다.

```
let iterator = {
    i:1,
    next:function(){
        return (this.i < 4) ? {value:this.i++, done:false} : {value:undefined,
        done:true};   ← i의 값이 4보다 작을때까지 1씩 증가하여 값을 전달하고 모두 전달한 뒤에 done은 true
    }
}
iterator.next();   ← {value:1, done:false}
iterator.next();   ← {value:2, done:false}
iterator.next();   ← {value:3, done:false}
iterator.next();   ← {value:undefined, done:true} (순차적으로 열거한 뒤의 value값은 undefined, done은 true)
```

단|원|핵|심|정|리

이번 장에서는 이터러블 규약과 이터레이터 규약에 대해서 알아봤습니다.
이터러블 규약과 이터레이터 규약을 표로 정리하였습니다.

	정의	규약을 따르는 객체
이터러블 규약	for...of 문을 통해 열거되어야 하고, @@iterator 메서드를 구현합니다.	자바스크립트 내장 객체 중 Array, String, Map, Set, 함수의 arguments 객체(Object는 제외) 등입니다.
이터레이터 규약	next 메서드 호출 시 순차적으로 열거되며, 열거된 값이 객체({value:값, done:열거 완료 여부})여야 합니다.	이터레이터 규약을 따르도록 구현하거나, 이터러블 객체로 부터 @@iterator 메서드를 호출하여 참조 가능합니다.

문 | 제 | 풀 | 면 | 서 | 복 | 습 | 하 | 기

1 문자열에 내장된 @@iterator 메서드를 호출하여 이터레이터 객체를 얻고 next() 메서드를 호출하여 값을 모두 열거해 보도록 합시다.
다음과 같이 코드를 작성해 주세요.

example/chapter2/2-2/ex01.html
```
1    let str = "iterator";
2    let iterator = str[Symbol.iterator]();
3    let result;
4    do{
5        result= iterator.next();
6        console.log(result.value, result.done);
7    }
8    while(result.value);
```

작성된 코드를 브라우저에서 실행시키고 개발자도구의 Console에서 결과를 확인해 봅시다.

문자열 "iterator"가 한글자씩 열거되어 출력되었고, 전부 열거 후 done 속성은 true가 되어 열거가 끝났음을 알려줍니다.
아래 코드를 보면서 위 결과의 원인을 알아보겠습니다.

```
1    let str = "iterator";
2    let iterator = str[Symbol.iterator]();
3    let result;
4    do{
5        result= iterator.next();      ← 이터레이터 객체에 next() 메서드를 호출하여 문자열을 순차적으로 열거
6        console.log(result.value, result.done);   ← 열거한 값을 출력
7    }
8    while(result.value);              ← (5라인)에서 얻은 결과값의 value 속성이 존재하면 계속 loop
```

2 이터레이터 규약을 만족하는 객체를 작성해 봅시다.

다음과 같이 코드를 작성해 주세요.

example/chapter2/2-2/ex02.html

```
1   let iterator = {
2       i:1,
3       [Symbol.iterator]:function(){
4           return this;
5       },
6       next:function(){
7           return (this.i < 4) ? {value:this.i++, done:false} : {value:undefined, done:true};
8       }
9   }
10
11  console.log(iterator.next());
12  console.log(iterator.next());
13  console.log(iterator[Symbol.iterator]().next());
14  console.log(iterator[Symbol.iterator]().next());
```

작성된 코드를 브라우저에서 실행시키고 개발자도구의 Console에서 결과를 확인해 봅시다.

출력된 결과가 이터레이터 규약을 만족하고 있는 것을 볼 수 있습니다.

```
▶ Object {value: 1, done: false}
▶ Object {value: 2, done: false}
▶ Object {value: 3, done: false}
▶ Object {value: undefined, done: true}
```

그럼 위에서 작성한 코드를 살펴 보도록 하겠습니다.

```
1   let iterator = {
2       i:1,
3       [Symbol.iterator]:function(){   ← 이터레이터 규약을 따르기 위해 객체에 @@iterator 메서드를 선언
4           return this;                ← iterator[Symbol.iterator]() 다음과 같이 호출이 되도록 this를 반환
5       },
6       next:function(){   ← next 메서드 호출 시 속성으로 value와 done을 갖는 객체를 전달, 이터레이션이
                              진행중이라면 done은 false, 종료되었다면 done은 true
7           return (this.i < 4) ? {value:this.i++, done:false} : {value:undefined, done:true};
8       }
9   }
10
11  console.log(iterator.next());
12  console.log(iterator.next());
13  console.log(iterator[Symbol.iterator]().next());
14  console.log(iterator[Symbol.iterator]().next());
```

02-3
for...of 문

for...of 문은 기존에 배열이나 함수의 arguments 객체와 같은 컬렉션을 순회하는 for...in 문이나 forEach() 함수와 같은 역할을 합니다. 뿐만 아니라 문자열을 한 글자씩 잘라 순회하거나 destructing 등이 가능해 졌습니다. 이런 많은 타입들을 순회하기 위해서 이터러블 규약을 따르도록 하고 있습니다. 그러므로 for..of 문으로 순회하려면 @@iterator 메서드를 내장한 객체이거나, 직접 @@iterator 메서드를 구현해 주어야 합니다.

for...of 문의 작성법은 아래와 같습니다.

```
for(variables of iterable){
    ...
}
```

variables	for...of 문이 순회될 때 전달되는 값 예를 들면 배열의 경우 원소값, 문자열의 경우 한 글자씩 전달, NodeList의 경우 Node를 전달해 줍니다.
iterable	for...of 문으로 순회할 이터러블 객체 Array, String, Map, Set, generator, DOM NodeList 등 이터러블 규약을 따르는 객체

문자열을 순회하는 예로 for...of 문을 좀 더 살펴보도록 하겠습니다.

```
let str = 'for of문';   ← 순회시킬 문자열
```

순회전 문자열은 이터러블 규약을 따르는지 확인해 보았습니다.
문자열이 @@iterator 메서드가 구현이 되어 있는지 확인해 봅니다. @@iterator 메서드 호출 시 이터레이터 객체를 반환하므로 타입은 객체여야 합니다.

```
console.log(typeof str[Symbol.iterator]() === 'object');    ← 결과는 true
```

문자열이 이터러블 규약을 따르는 것이 확인되었으니, for...of 문으로 순회 가능하다고 볼 수 있습니다. 다음 코드는 for...of 문으로 문자열을 순회하도록 작성하였습니다.

```
for(let value of str){
        console.log(value);    ← 결과는 f,o,r, ,o,f,문
}
```

순회 결과 문자열을 한 글자씩 순차적으로 전달함을 볼 수 있습니다.

for...in 문은 배열 순회시 문제점을 가지고 있습니다

기존에도 컬렉션을 순회하는 방법은 존재하였습니다. for...in 문도 이와 비슷한 역할을 해줍니다. 하지만 for...in 문의 경우 배열을 순회할 때 몇 가지 문제점이 존재합니다.

예를 들어 배열에 속성을 추가하는 경우 추가된 속성도 순회하는데 포함을 시킵니다.

```
var arr = [10, 20, 30];
arr.add = 100;
for(var i in arr){
        console.log(i);    ← 출력된 결과는 0, 1, 2, add
}
```

배열을 순회하였을 때 얻고자 하는 결과는 배열의 원소 index일 것입니다. 하지만, 실제 for...in 문은 객체를 순회하면서 속성명을 문자열로 알려주는 역할을 합니다. 그렇기에 배열을 for...in 문으로 순회하는 것은 위험할 수 있습니다.

for...in 문은 또 한 가지 문제점을 가지고 있습니다. 위에서 살펴본 것처럼 for...in 문으로 배열을 순회시 배열객체의 속성명을 문자열로 알려주기 때문에 원소의 index + 1과 같은 연산시 문자열로 됩니다.

예를 들어 배열을 for...in 문으로 순회하고 원소의 index를 얻어 index + 1과 같은 연산처리를 하였을 때 1 + 1 = 2가 아닌 '1' + 1 = '11'의 결과가 됩니다.

```
var arr = [1, 2, 3];

for(var i in arr){
    console.log(i + 1);    ← 출력된 결과는 "11", "21", "31"
}
```

for...of 문은 위의 문제점들을 개선하였으며, 배열 순회시에 직관적으로 원소의 값만 전달해 줍니다.
다음 예를 보면 배열에 임의의 속성을 추가하여 순회하여도 정확히 배열 원소의 값만 전달해 주고 있습니다.

```
let arr = [10, 20, 30];
arr.add = 100;

for(let value of arr){
    console.log(value);    ← 출력된 값은 10, 20, 30
}
```

단|원|핵|심|정|리

이번 장에서는 for...of 문에 대해서 살펴봤습니다.
for...of 문과 for...in 문의 차이를 표로 정리하였습니다.

	Array 순회 시 문제점
for...of 문	Array 순회 시 속성을 포함하지 않고, 원소만 전달하여, for...in 문의 단점을 보완함
for...in 문	Array 순회 시 속성을 포함하여 명확하지 않음 순회 시 전달 값이 Array의 원소가 아닌 index

문 | 제 | 풀 | 면 | 서 | 복 | 습 | 하 | 기

1 내장 이터러블 객체가 아닌 직접 구현한 이터러블 객체를 for...of 문으로 순회시켜 주세요. 다음은 이전 과정에서 예제로 만들어 보았던 이터러블 객체입니다. next() 메서드를 호출하여 값을 열거하고 있는데, 이를 for...of 문으로 수정하여 한 번에 순회시켜 주세요.

example/chapter2/2-3/ex01.html

```
1   let iterable = {
2       i:1,
3       [Symbol.iterator]:function(){
4           return this;
5       },
6       next:function(){
7           return (this.i < 4) ? {value:this.i++, done:false} : {value:undefined, done:true};
8       }
9   }
10
11  console.log(iterable.next());
12  console.log(iterable.next());
13  console.log(iterable[Symbol.iterator]().next());
14  console.log(iterable[Symbol.iterator]().next());
```

위의 (11~14라인)을 다음과 같이 수정합니다.

```
1   let iterable = {
2       i:1,
3       [Symbol.iterator]:function(){
4           return this;
5       },
6       next:function(){
7           return (this.i < 4) ? {value:this.i++, done:false} : {value:undefined, done:true};
8       }
9   }
10
11  for(let value of iterable){
12      console.log(value);
13  }
```

작성된 코드를 브라우저에서 실행시키고 개발자도구의 Console에서 결과를 확인해 봅시다.

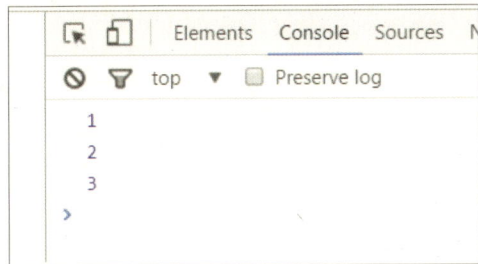

작성한 이터러블 객체를 순회하고 결과값이 출력되었음을 볼 수 있습니다.

그럼 위에서 작성한 코드를 살펴보도록 하겠습니다.

```
1   let iterable = {
2       i:1,
3       [Symbol.iterator]:function(){
4           return this;
5       },
6       next:function(){
7           return (this.i < 4) ? {value:this.i++, done:false} : {value:undefined, done:true};
8       }
9   }
10
11  for(let value of iterable){    ← for...of문으로 이터러블 객체를 순회하고 값을 얻습니다.
12      console.log(value);        ← 결과값을 출력
13  }
```

02-4
템플릿 리터럴

템플릿 *리터럴(Template literals)은 문자열 안에 표현식을 포함시킬 수 있고, 여러 줄 작성을 허용하여 간편하게 문자열을 만들 수 있도록 해줍니다.

템플릿 리터럴은 문자열과 다르게 따옴표 대신 역따옴표(" ") 문자 사이에 작성하며, 달러와 중괄호(${})를 포함시킬 수 있습니다.

> * 리터럴이란 ?
> 간단하게 말하면 그냥 '값'을 의미합니다.
> var str = "A"; 라는 코드에서 A라는 문자열 값이 str이라는 변수로 들어가는데 여기서 리터럴은 단지 "A"만을 의미한다. 즉, 여기선 문자형 리터럴입니다. 문자형 리터럴은 " " 또는 ' ' 로 표시할 수 있는데, 특정한 변수의 값을 가져오려고 할 때 쓰이는 것이 '템플릿 리터럴'입니다.

중괄호(${}) 사이에는 표현식을 쓸 수 있으며, 표현식의 결과는 문자열에 연결됩니다. 또한 템플릿 리터럴 앞에 함수명(태그 표현식)이 있으면 앞서 설명과는 달리 앞의 함수를 호출합니다. 이때 템플릿 리터럴의 값이 함수에 전달되며, 함수에서 값을 조작하여 템플릿 문자열을 출력할 수 있습니다. 이를 '태그드 템플릿 리터럴(Tagged template literals)'이라고 합니다.

2-4-1 여러 줄 문자열

문자열을 여러 줄로 작성하려면 줄 바꿈 문자(\n)를 입력해야 가능했고, 실제 코드에서는 한 줄로 작성하거나 (+)연산자를 사용하여 줄 바꿈을 할 수 있었습니다.

템플릿 리터럴은 (+)연산자 없이 여러 줄 작성이 가능하고, 줄 바꿈 시 자동으로 (\n)문자를 입력해 줍니다.

다음은 일반 문자열을 이용해 여러 줄 작성 시 한 줄로 작성하는 예와 코드를 줄 바꿈하여 작성하였을 때를 비교해 보고 또한 템플릿 리터럴을 사용하여 여러 줄 작성의 예를 살펴보겠습니다.

• 일반 문자열 여러 줄 작성

var str = '여러 줄\n 입력 테스트';

```
var str = '여러 줄\n 입력 테스트';

console.log(str);        ← 결과는 '여러 줄
                                 입력 테스트'
```

• 일반 문자열 여러 줄 작성 시 코드 줄 바꿈

```
var str = '여러 줄\n';
    str += '입력 테스트';

console.log(str);        ← 결과는 '여러 줄
                                 입력 테스트'
```

• 템플릿 리터럴 여러 줄 작성

```
let str = `여러줄
           입력 테스트`;    ← 역따옴표(``) 사이에 입력

console.log(str);        ← 결과는 '여러 줄
                                 입력 테스트'
```

2-4-2 보간 표현법

일반 문자열에 표현식을 삽입하려면 문자열을 끝맺음하고 (+)연산자로 표현식을 연결하여 작성해 주어야 했습니다. 템플릿 리터럴은 문자열 끝맺음없이 보간 표현법을 이용하여 보다 쉽게 작성이 가능해졌습니다.

일반 문자열에서 표현식 작성과 템플릿 리터럴에서의 표현식 작성이 어떻게 다른지 살펴보겠습니다.

- 일반 문자열에 표현식 포함

```
var a = 100;
var b = 200;
var str = 'a + b의 결과는 ' + (a + b) + ' 입니다.';     ← 결과는 'a + b의 결과는 300입니다.'
```

- 템플릿 리터럴에 표현식 포함

```
let a = 100;
let b = 200;
let str = `a + b의 결과는 ${a + b}입니다.`;     ← 결과는 'a + b의 결과는 300입니다.'
```

2-4-3 태그드 템플릿 리터럴

태그드 템플릿 리터럴(Tagged template literal)은 템플릿 리터럴과 구분하여 사용합니다. 둘은 전혀 다른 동작을 보여 주는데, 템플릿 리터럴의 경우 여러 줄 작성과 보간 표현법을 쓸 수 있도록 해준다면 태그드 템플릿 리터럴은 표현식(함수명) 옆에 템플릿 리터럴이 올 경우 함수를 호출합니다.

함수의 인수로 템플릿 문자열이 전달되며, 보간 표현법이 있는 경우 보간 표현법을 앞뒤로 나누어 문자열이 배열로 전달됩니다. 보간 표현법의 표현식의 값은 따로 인수에 전달됩니다.

다음 그림은 태그드 템플릿 리터럴 구문의 동작을 이해하기 쉽도록 표현해 주었습니다.

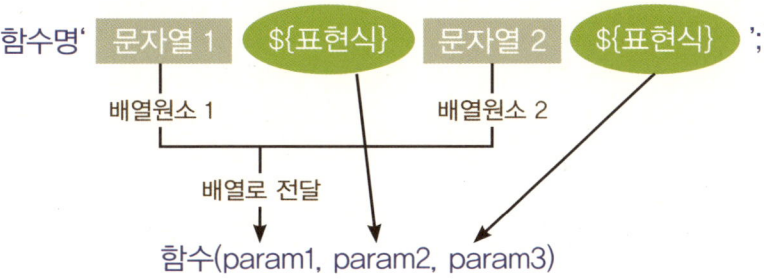

다음 코드를 살펴보겠습니다.

태그드 템플릿 리터럴 구문을 활용하여 문자열 구문의 값을 비교하여 문장을 완성해 주는 예입니다.

```
function tagged(str, a, b){     ← 템플릿 리터럴 구문에 의하여 호출
                                매개변수 str의 값은 [ 'A와 B 둘 중' ]
                                매개변수 a의 값은 100
                                매개변수 b의 값은 200
    let bigger;
    (a > b) ? bigger = 'A' : bigger = 'B';   ← a의 값이 클 경우 bigger의 값은 문자열 'A'를
                                               아닐 경우 문자열 'B'가 됨
    return str[0] + bigger + '가 더 큽니다.';
}

let a = 100;
let b = 200;
let str = tagged`A와 B 둘 중 ${a}, ${b}`;   ← tagged 함수 호출
console.log(str);   ← 결과는 'A와 B 둘 중 B가 더 큽니다'
```

단 | 원 | 핵 | 심 | 정 | 리

이번 장에서는 템플릿 리터럴에 대해서 살펴봤습니다.

다음은 문자열과 템플릿 리터럴의 차이점을 비교 정리한 표입니다.

	작성법	표현식 작성	여러 줄 작성
문자열	쌍따옴표(" ") 또는 홑따옴표(' ') 사이에 작성	+연산자를 사용하여 작성	문자열 줄 바꿈시에는 줄 바꿈 문자(₩n)를 사용하여 작성하며, 코드를 여러 줄로 작성 시에는 (+)연산자를 사용하여 작성
템플릿 리터럴	역따옴표(` `) 사이에 작성	보간 표현법을 사용하여 작성	문자열 줄 바꿈 또는 여러 줄 작성 시 내려쓰기 하여 작성

문제풀면서복습하기

1 코드의 문자열을 템플릿 리터럴로 변경해 주세요.

먼저 예제 파일을 열어 코드를 보면, user 객체의 속성값을 변수 html의 문자열에 포함하여 table에 출력하도록 작성되어 있습니다.

예제를 실행하여 작성된 코드의 결과를 보면 table에 작성한 값이 잘 나오고 있습니다.

이름	나이	직업
홍길동	30	programmer

다시 소스 코드로 돌아와 16라인을 보면 html 변수에 문자열과 user객체의 값이 포함되어 있는데, 이 부분의 코드를 템플릿 리터럴로 작성해 주도록 합니다.

user객체의 속성값은 보간 표현법을 사용하여 작성해 주면 보다 쉽게 수정할 수 있습니다.

example/chapter2/2-4/01.html

```
1   <!DOCTYPE html>
2   <html>
3   <head>
4       <title>템플릿 리터럴(Template literals)</title>
5       <style type="text/css">
6           #user table{width:100%;}
7       </style>
8       <script type="text/javascript">
9           var user = {
10              name: '홍길동',
11              age: 30,
12              job: 'programmer'
13          };
14
15          window.onload = function(){
16              var html = '<table border="1">';    ← 문자열을 템플릿 리터럴로 변경
17              html += '<thead>';
18              html += '<tr>';
19              html += '<th>이름</th>';
20              html += '<th>나이</th>';
21              html += '<th>직업</th>';
22              html += '</tr>';
23              html += '</thead>';
24              html += '<tbody>';
25              html += '<tr>';
26              html += '<td>' + user.name + '</td>';
27              html += '<td>' + user.age + '</td>';
28              html += '<td>' + user.job + '</td>';
```

```
29                    html += '</tr>';
30                    html += '</tbody>';
31                    html += '</table>';
32
33              document.getElementById('user').innerHTML = html;
34          }
35      </script>
36  </head>
37  <body>
38      <div id="user"></div>
39  </body>
40  </html>
```

16라인의 코드를 다음과 같이 수정합니다.
수정 전보다 작성도 쉽고 가독성이 높아졌습니다.

```
1       var html = `<table border="1">    ← 역따옴표를 사용하여 문자열을 템플릿 리터럴로 변경함
2                   <thead>
3                       <tr>
4                           <th>이름</th>
5                           <th>나이</th>
6                           <th>직업</th>
7                       </tr>
8                   </thead>
9                   <tbody>
10                      <tr>
11                          <td>${user.name}</td>    ← 보간 표현법으로 표현식을 작성함
12                          <td>${user.age}</td>
13                          <td>${user.job}</td>
14                      </tr>
15                  </tbody>
16              </table>`;
```

수정된 예제를 실행하면 아래 결과를 확인하실 수 있습니다.

이름	나이	직업
홍길동	30	programmer

❷ 코드의 문자열을 태그드 템플릿 리터럴과 템플릿 리터럴로 변경해 주세요.

먼저 작성된 코드는 a가 b의 약수인지를 확인하여 결과를 출력해 주고 있습니다.

작성된 코드를 브라우저에서 실행시키고 개발자도구의 Console에서 확인해 봅시다.

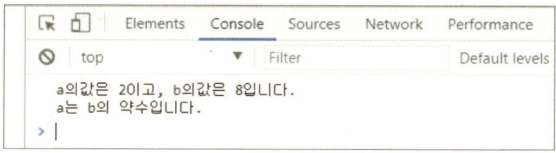

소스 코드를 다시 한 번 살펴보겠습니다. 4라인의 sum 함수는 매개변수 a가 b의 약수인지를 확인하여 결과를 반환해 주고, 12라인의 변수 value의 값인 문자열은 (+)연산자를 통해서 문자열을 이어 쓰고 있습니다.

12라인의 문자열을 태그드 템플릿 리터럴로 변경하고, 4라인의 sum 함수의 결과를 템플릿 리터럴 구문으로 수정하겠습니다.

example/chapter2/2-4/ex02.html

```
1    var a = 2;
2    var b = 8;
3
4    function sum(a, b){      ← 함수안의 구문을 템플릿 리터럴로 변경
5        var value = b % a;
6        var result;
7        (value == 0) ? result = 'a는 b의 약수입니다.' : result = 'a는 b의 약수가아닙니다.';
8
9        return result;
10   }
11
12   var value = 'a의값은 ' + a + ' 이고, b의값은 ' + b + ' 입니다.\n' + sum(a, b);
                    ← 위의 value의 값을 태그드 템플릿 리터럴 구문으로 변경
13   console.log(value);
```

4라인의 sum함수안의 구문과, 12라인의 value의 값을 다음과 같이 수정해줍니다.

수정 전 보다 작성하기도 쉽고 가독성이 높아졌습니다.

수정된 예제를 실행하면 아래 결과를 확인하실 수 있습니다.

그럼 수정한 코드를 살펴보도록 하겠습니다.

```
1    var a = 2;
2    var b = 8;
3
4    function sum(str, a, b){      ← 매개변수 str은 10라인의 템플릿 문자열이 나누어 배열로 전달됨
5        var result = `${str[0]}${a}${str[1]}${b}${str[2]}
6        ${(b%a==0)? ' a는 b의 약수입니다.' : ' a는 b의 약수가아닙니다. ' }`;
                ← 위의 result의 값을 템플릿 리터럴로 변경하여 보다 간결하게 변경됨
7        return result;
8    }
9
10   var value = sum`a의값은 ${a}이고, b의값은 ${b}입니다.`;
                ← value의 값을 태그드 템플릿 리터럴로 변경하여 가독성을 높임
11   console.log(value);
```

02-5
타입 배열

타입 배열(Typed Array)은 배열과 매우 유사한 객체이지만, 이진 데이터(Binary Data)를 보다 빨리 접근하고 조작하도록 하기 위해 추가되었습니다. 최근 자바스크립트에서 파일을 불러와 처리하거나, 오디오나 비디오 처리를 위해 이진 데이터의 접근이 많아짐에 따라 유용하게 사용되고 있습니다.

배열은 원소의 개수가 가변적이며, 모든 값을 허용하는 반면, 타입 배열은 이진 데이터만 값으로 허용하며, 원하는 비트를 선택할 수 있습니다. 또한 타입 배열은 대부분의 배열 API를 동일하게 제공하지만, push나 pop 등의 API는 제공되지 않습니다.

타입 배열은 버퍼와 뷰로 나뉘는데, 버퍼(ArrayBuffer)는 단순히 데이터 청크를 나타내는 객체이며, 스스로 읽고 쓸 수 없고, 뷰를 통해서 저장된 데이터를 조작할 수 있습니다.

다음 단락에서 버퍼와 뷰에 대해 좀 더 자세히 살펴보겠습니다.

버퍼

버퍼(ArrayBuffer)는 ArrayBuffer 클래스의 생성자 객체이며 클래스 호출 시 지정한 바이트 크기의 버퍼가 생성됩니다. 버퍼는 직접적으로 데이터의 조작이 불가능하지만 특정 타입의 뷰 생성자 객체를 통해서 데이터를 읽거나 쓰기가 가능합니다.

다음 코드는 ArrayBuffer 클래스를 호출하여 16바이트 버퍼를 생성하는 예입니다.

```
const buffer = new ArrayBuffer(16);    ← 16바이트 버퍼 생성
console.log(buffer.byteLength);    ← 결과는 16(byteLength 속성으로 버퍼의 바이트 조회)
```

뷰

뷰(Typed array views)는 유형별로 여러 클래스를 제공하는데 Int16, Uint32, Float64 등 대부분 숫자형이며, UintClamedArray는 별도로 0~255사이의 숫자를 허용하는 형입니다.

뷰는 클래스 호출 시 지정한 버퍼의 바이트만큼 담을 수 있는 배열형태의 생성자를 만들며, 클래스 이름의 비트에 따라 원소의 수가 결정되고, 초기값으로 0을 지정합니다.

	바이트	값의 범위	설명
Int8Array	1	-128 ~ 127	8비트 정수형
Uint8Array	1	0 ~ 255	8비트 양의 정수형
Uint8ClampedArray	1	0 ~ 255	8비트 양의 정수형(0~255사이의 숫자만 허용)
Int16Array	2	-32768 ~ 32767	16비트 정수형
Uint16Array	2	0 ~ 65535	16비트 양의 정수형
Int32Array	4	-2147483648 ~ 2147483647	32비트 정수형
Uint32Array	4	0 ~ 4294967295	32비트 양의 정수형
Float32Array	4	1.2 × 10-38 ~ 3.4 × 1038	32비트 부동소수점형
Float64Array	8	5.0 × 10 -324 ~ 1.8 × 10 308	64비트 부동소수점형

다음 코드는 16바이트 버퍼를 생성하여, 32비트 정수형 뷰를 선언하고 버퍼를 지정합니다. 16바이트를 비트로 바꾸면 128비트이므로, 32비트 뷰에서는 4개로 나뉘어 원소 4개의 초기값이 0인 32비트 양의 정수형 배열이 됩니다.

```
const buffer = new ArrayBuffer(16);    ← 16바이트 버퍼 생성
const view = new Uint32Array(buffer);  ← 양의 정수형 32비트 뷰를 선언하고 버퍼를 지정
console.log(view);   ← 결과는 Uint32Array(4) [0, 0, 0, 0]가 출력
```

다음 그림은 16바이트 버퍼를 여러 유형의 뷰에 대입하였을 때의 예입니다.

ArrayBuffer(16 bytes)																
Uint8Array	0	1	2	3	4	5	6	7	8	9	10	11	12	13	14	15
Uint16Array	0		1		2		3		4		5		6		7	
Uint32Array	0				1				2				3			
Float64Array	0								1							

단|원|핵|심|정|리

타입 배열은 배열과 유사한 객체이며, 이진 데이터(Binary Data)를 보다 빨리 접근하고 조작할 수 있습니다.

타입 배열은 버퍼와 뷰로 나뉘는데 버퍼(ArrayBuffer)는 단순히 데이터 청크를 나타내는 객체이며, 스스로 읽고 쓸 수 없고, 뷰를 통해서 저장된 데이터를 조작할 수 있습니다.

문제 풀면서 복습하기

1 RGB 컬러 코드만 입력 가능한 타입 배열을 만들어 봅시다.

RGB 코드는 0~255사이의 값이 세 개로 연결된 리스트입니다. 버퍼와 뷰를 생성하여 RGB 코드를 입력받는 타입 배열을 만들어 봅시다.

다음 코드는 0~255사이의 값만 입력 받도록 Uint8ClampedArray을 생성하고, 3바이트 버퍼를 지정하였습니다.

3바이트 버퍼는 24비트이므로 8비트 정수형 배열에서 3개의 원소를 갖습니다.

타입 배열에 각각 0~255사이의 랜덤값을 입력하여 생성한 RGB 값을 body 태그에 backgroundColor style을 지정해 주었습니다.

example/chapter2/2-5/ex01.html
```
1    const buffer = new ArrayBuffer(3);
2    const rgb = new Uint8ClampedArray(buffer);
3
4    rgb[0] = parseInt(Math.random(255) * 100);
5    rgb[1] = parseInt(Math.random(255) * 100);
6    rgb[2] = parseInt(Math.random(255) * 100);
7
8    document.body.style.backgroundColor = `rgb(${rgb[0]}, ${rgb[1]}, ${rgb[2]})`;
```

작성된 코드를 브라우저에서 실행시키면 입력된 RGB 값으로 배경색이 변경된 것을 볼 수 있습니다.

2 타입 배열로 이진 데이터인 Blob을 생성해 봅시다.

다음 코드는 16바이트 버퍼를 지정한 16비트 양의 정수형 배열로 Blob을 생성하였습니다.

example/chapter2/2-5/ex02.html

```
1    var buffer = new ArrayBuffer(16);         ← 16 바이트 버퍼를 생성
2    var view = new Int16Array(buffer);        ← 16비트 양의 정수형 배열을 생성
3    var blob = new Blob([view], {type: 'application/octet-binary' });    ← blob을 생성
4    var url = URL.createObjectURL(blob);      ← blob의 url 생성
5    console.log(url);
```

예제를 생성하여 브라우저 console을 확인해 보면 생성한 Blob의 url은 다음과 같이 출력됩니다.

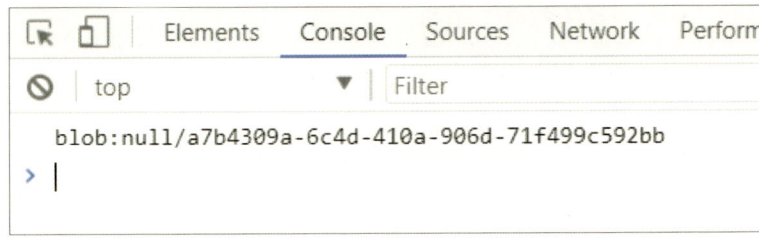

ECMAScript 6

이번 장에서는 이터레이터 규약을 내부적으로 구현해주는 제너레이터와 새로 추가된 컬렉션인 맵과 셋 그리고 위크컬렉션을 살펴보겠습니다. 또 내장 속성과의 충돌을 피하기 위해 추가된 새로운 타입인 심볼과 비동기연산과 지연연산의 가독성을 높여줄 promise, 객체의 관찰자 역할을 할 proxy 객체에 대해서도 살펴보겠습니다.

내장 객체

03-1 제너레이터
03-2 새로 추가된 컬렉션
03-3 심볼
03-4 Promise
03-5 프록시

03-1
제너레이터

제너레이터(generator)는 이터러블 규약과 이터레이터 규약을 따르는 제너레이터 객체를 만들어 주는 함수입니다. 위에서 살펴본 것처럼 두 규약을 따르는 객체는 @@iterator 메서드와 next 메서드를 구현해줘야 하는데, 이를 작성하기가 간단하지만은 않습니다. 이를 좀 더 쉽게 구현하도록 하는 것이 제너레이터 함수입니다.

제너레이터 함수는 호출이 되면 바로 실행되는 것이 아니라 제너레이터 객체를 반환하고 멈춰있습니다. 반환된 제너레이터 객체에 next 메서드를 호출하면 그때 제너레이터 함수의 구문이 실행되며, yield 표현식을 만나면 실행을 멈추고 해당 표현식이 가리키는 값이 next 메서드가 반환하는 객체의 value 속성값이되며, done 속성값은 false가 됩니다. 다시 next 메서드 호출 시 이를 반복하다 yield 표현식이 마지막까지 진행된 뒤에 next 메서드를 호출하면 이터레이터 객체와 마찬가지로 next 메서드가 반환하는 객체의 value 속성값이 undefined가 되고, done 속성값은 true가 됩니다.

```
function* gen(){
    yield 1;
    yield 2;
    yield 3;
}
```

gen → next() → 1 → next() → 2 → next() → 3 → next() → underfiened
{value:1,done:false} {value:2,done:false} {value:3,done:false} {value:underfiened,done:false}

```
function* name(param){
    statement
}
```

function*	function뒤에 *를 붙여 제너레이터 함수를 선언합니다.
name	제너레이터 함수의 이름
param	매개변수
statement	제너레이터 함수에 구현될 구문들이 오며, yield 표현식을 쓸 수 있습니다.

이터러블 규약과 이터레이터 규약을 따르는 객체를 작성한 코드와 제너레이터 함수를 작성한 코드를 비교해 보겠습니다.

먼저 직접 두 규약을 따르는 객체를 작성한 코드를 살펴보겠습니다.

- 직접 작성한 코드

```
let iterator = {
    i:0,
    [Symbol.iterator]:function(){
        return this;
    },
    next:function(){
        return (this.i < 3) ? {value:this.i++, done:false} : {value:undefined, done:true}
    }
}
for(let value of iterator){
    console.log(value);    ← 결과는 0,1,2
}
```

위의 코드는 이전 예제에서 이미 다룬 코드입니다. 객체에 직접 @@iterator 메서드와 next 메서드를 구현하여, 이터러블 규약과 이터레이터 규약을 따르도록 하였습니다.

다음 코드는 제너레이터 함수로 변경하여 같은 동작을 보다 쉽게 구현하였습니다.

- 제너레이터 함수를 사용한 코드

```
function* gen(){
    for(let i=0; i<3; i++){
        yield i;
    }
}

let generator = gen();
for(let value of generator){
    console.log(value);    ← 결과는 0,1,2
}
```

위의 두 코드를 비교해 보면 제너레이터 함수를 사용하는 쪽이 @@iterator 메서드와 next 메서드를 작성해줄 필요가 없어 코드를 작성하기 쉽고 읽기도 더 수월해졌습니다. 제너레이터 함수의 동작 상태를 다시 한 번 살펴보면 다음과 같습니다.

```
function* gen(){
    for(let i=0; i<3; i++){
        yield i;
    }
}
let generator = gen();    ← 제너레이터 함수를 호출 시 제너레이터 객체가 반환하고 동작을 멈춥니다.
console.log(iteratorResult);    ← 결과는 {value:0, done:false}
```

제너레이터 객체는 이터러블 규약과 이터레이터 규약을 따르기 때문에 for...of 문으로 순회하거나, next 메서드를 호출하여 열거가 가능합니다.

```
let iteratorResult = generator.next();    ← 제너레이터 객체에 next 메서드를 호출하면 제너레이터 함수
                                            의 yield 표현식을 만날 때까지 진행합니다. yield 표현식 뒤의
                                            값은 next 메서드가 반환하는 객체(iterator result object)의
                                            value 속성값이 됩니다.
```

3-1-1 제너레이터 이어붙이기

제너레이터 함수의 yield 표현식 사이에 다른 제너레이터 함수의 yield 표현식 이어붙이기를 제공합니다. 하나의 제너레이터 함수에서 전체를 처리하기가 복잡하거나 전에 작성하였던 제너레이터 함수를 재사용해야 하는 경우에 유용합니다.
제너레이터 이어붙이기(yield*)의 사용 방법은 yield 표현식 뒤에 *을 붙이고 뒤에 다른 제너레이터 함수 호출 구문을 넣어 주면 됩니다.

다음과 같이 yield 표현식 뒤에 *을 붙여 작성합니다.

```js
function* gen(){
    yield* generator();
}
```

좀 더 쉽게 이해할 수 있도록 다음 코드의 사용 예를 살펴보도록 하겠습니다.
gen1 제너레이터 함수의 yield 표현식 중간에 gen2의 yield 표현식을 연결하는 예입니다.

```js
function* gen1(n){
    yield n + 1;
    yield* gen2(n);    ← gen2 제너레이터 함수를 호출하여 yield 표현식을 이어 붙임
    yield n + 2;
}
function* gen2(n){
    yield n + 100;
    yield n + 200;
}
let generator = gen1(100);
for(let value of generator){
    console.log(value);    ← 결과는 101, 200, 300, 102
}
```

위의 코드의 동작을 살펴보면

```
let generator = gen1(100)    ← 인자값 100을 전달하고, 반환된 제너레이터 객체를 변수 generator에 할당니다.
```

generator 객체를 순회하면 yield 표현식을 순차적으로 실행시킵니다.

실행되는 순서를 살펴보면

```
n = 100
gen1 - yield n + 1 = 101
gen1 - yield* gen2(n)    ← 여기서 gen2 제너레이터 함수의 yield 표현식을 연결합니다.

gen2 - yield n + 100 = 200
gen2 - yield n + 200 = 300    ← gen2 제너레이터 함수의 yield 표현식이 종료되고 다시 gen1의 yield 표현
                                식으로 연결됩니다.

gen1 - yield n + 2 = 102    ← gen1 제너레이터 함수의 yield 표현식도 종료됩니다.
```

출력된 값은 순차적으로 101, 200, 300, 102입니다.

3-1-2 제너레이터 객체의 메서드

지금까지 살펴본 제너레이터 객체는 이터레이터 객체와 동일하게 동작함을 볼 수 있습니다. 이터레이터 객체는 이터레이터 규약을 따르므로 next 메서드가 구현되어 있습니다. 제너레이터 객체는 next 메서드 이 외 제너레이터 객체의 열거를 종료해주는 return 메서드와 오류를 발생시키는 throw 메서드를 추가 제공합니다.

next	제너레이터 객체를 순차적으로 열거합니다. 열거되는 값은 객체이며 속성으로 value와 done을 갖습니다. 열거 중 value 속성은 yield 표현식 뒤에 오는 값이 할당되어지고 done 속성값은 false입니다. 열거가 종료되면 value 속성값은 undefined, done 속성값은 true가 할당됩니다.
return	제너레이터 객체의 열거를 종료합니다. {value:undefined, done:true}를 반환합니다.
throw	제너레이터 객체의 열거 중 강제로 오류를 발생시킵니다. {value:undefined, done:true}를 반환합니다.

• return 메서드

제너레이터 객체의 return 메서드는 제너레이터 객체의 열거를 종료합니다.
다음 코드를 통해서 return 메서드를 살펴보겠습니다.

```javascript
function* gen(){
   let i = 0;
   while(i >= 0){
      yield i++;
   }
}
let generator = gen();
generator.next();      ← {value:0, done:false}
generator.next();      ← {value:1, done:false}
generator.next();      ← {value:2, done:false}
generator.return();    ← return 메서드 호출 후 결과값은 {value:undefined, done:true}
generator.next();      ← {value:undefined, done:true}
```

제너레이터 함수로 부터 얻은 제너레이터 객체에 next 메서드 호출 시 yield 표현식의 값이 next 메서드의 return값의 value 속성값이 됩니다. 위의 결과처럼 value 속성값은 1씩 증가하다가 return 메서드 호출 시 제너레이터 객체의 열거가 종료됩니다. 종료 후의 value 속성값은 undefined이며, done 속성값은 true입니다.

• throw 메서드

제너레이터 객체의 throw 메서드는 제너레이터 객체의 열거 중 강제로 오류를 발생시킵니다. 다음 코드를 통해서 throw 메서드를 살펴보겠습니다.

```
function* gen(){
  let i = 0;
  while(i >= 0){
      try{
          yield i++;
      } catch(e){

      }
  }
}
let generator = gen();
generator.next();      ← {value:0, done:false}
generator.next();      ← {value:1, done:false}
generator.next();      ← {value:2, done:false}
generator.throw();     ← throw 메서드 호출 후 결과값은 'throw error'
                       ← {value:3, done:false}
generator.next();      ← {value:4, done:false}
```

제너레이터 함수로 부터 얻은 제너레이터 객체에 next 메서드 호출 시 yield 표현식의 값이 next 메서드의 return값의 value 속성값이 됩니다. 위의 결과처럼 value 속성값은 1씩 증가하다 throw 메서드 호출 시 강제로 오류가 발생하여 catch문의 'throw error'를 출력하고 next 메서드와 마찬가지로 value 속성값이 1씩 증가 합니다.

단|원|핵|심|정|리

이번 장에서는 제너레이터 객체에 대해서 살펴봤습니다.

다음은 제너레이터 객체와 이터레이터 객체를 비교한 표입니다.

	iteration	iteration 종료 또는 오류 발생
generator	yield 표현식을 사용합니다.	iteration을 종료시키는 return 메서드와 오류를 발생시키는 throw 메서드를 제공합니다.
iterator	@@iterator 메서드를 구현합니다.	별도로 제공하는 메서드가 없어 직접 구현해야 합니다.

문제풀면서복습하기

1 단어를 순차적으로 열거해주는 이터레이터 객체를 미리 작성해 두었습니다. 이를 같은 동작을 하는 제너레이터 함수로 만들어 그 동작을 테스트 해봅시다.

다음 코드는 직접 이터레이터 객체를 구현하고 있습니다. 이터레이터 객체에 next 메서드를 호출하면 fruits 속성의 배열을 앞에서부터 순차적으로 열거해주고 모두 열거 시 value 속성값은 undefined가 되고 done 속성값은 true가 되어 for...of 문으로 열거 시 종료됩니다.

example/chapter3/3-1/ex01.html

```
1   let iterator = {
2       fruits:['사과','바나나','포도','딸기'],    ← next 메서드가 호출되면 배열의 값을 열거
3       [Symbol.iterator]:function(){             ← @@iterator
4           return this;
5       },
6       next:function(){
7           let value = this.fruits.shift();      ← next 메서드 호출시 배열 원소값을 앞부터 잘라 온다.
8           let done = (value) ? false : true;    ← value값이 긍정이면 done은 false이고, 배열 원소가 모두 잘라
                                                    져 value값이 부정이 되면 done은 true
9           return {value:value, done:done};
10      }
11  }
12
13  for(let value of iterator){
14      console.log(value);                       ← 결과값은 사과, 바나나, 포도, 딸기
15  }
```

작성된 코드를 브라우저에서 실행시키고 개발자도구의 Console에서 결과를 확인해 봅시다.

fruits 배열의 원소값이 순차적으로 열거되고, 순회가 종료되었음을 볼 수 있습니다.
위의 이터레이터 객체와 동일한 동작을 하는 제너레이터 함수를 작성해 보도록 하겠습니다.
다음과 같이 13 ~ 26라인에 코드를 추가하도록 합니다.

```
1   let iterator = {
2       fruits:['사과', '바나나', '포도', '딸기'],
3       [Symbol.iterator]:function(){
4           return this;
5       },
6       next:function(){
7           let value = this.fruits.shift();
8           let done = (value) ? false : true;
9           return {value:value, done:done};
10      }
11  }
12
13  for(let value of iterator){
14      console.log(value);
15  }
16
17  function* gen(){          ← 제너레이터 함수를 선언하고, yield 표현식 뒤에 배열에 원소를 차례로 넣어 줍니다.
18      yield '사과';
19      yield '바나나';
20      yield '포도';
21      yield '딸기';
22  }
23
24  for(let value of gen()){  ← 제너레이터 함수를 호출하여 제너레이터 객체를 전달받고 for...of 문으
                                로 순회
25      console.log(value);   ← 결과값은 14번 라인과 같은 사과, 바나나, 포도, 딸기
26  }
```

작성한 제너레이터 함수가 이터레이터 객체와 같은 결과를 보여주지 작성된 코드를 브라우저에서 실행시키고 개발자도구의 Console에서 결과를 확인해 봅시다.

결과를 보면 사과, 바나나, 포도, 딸기가 똑같이 출력되었습니다.

제너레이터 함수를 사용하니 보다 쉽게 이터레이터 객체가 구현되었습니다.

03-2
새로 추가된 컬렉션

3-2-1 맵

맵(Map)은 key, value 쌍(pair), 항목(entries)으로 이루어진 컬렉션(collections)입니다. 기존에도 key와 value로 이루어진 컬렉션인 객체가 이미 존재하였습니다. 현재도 객체는 아주 많이 사용되어지고 있지만 몇 가지 불편한 사항들을 맵에서 개선해 주고 있습니다. 맵과 객체의 차이를 통해서 맵을 살펴보도록 하겠습니다.

3-2-2 객체와 맵의 차이점

객체는 추가된 속성의 수를 정확히 알기 어렵습니다

객체는 추가된 속성의 수를 알려주는 API가 없어 불편합니다. 맵은 size 내장 속성으로 추가된 항목의 수를 알기 쉽게 해줍니다.

```
map.size     ← 맵의 항목 수를 출력
```

객체의 속성 key는 문자열 또는 Symbol만 가능하지만 맵 항목의 key는 모든 값이 될 수 있습니다.

```
map.add({}, 100);    ← {}를 key로 사용
```

객체는 속성 추가 시 내장 속성과 중복으로 사용하지 않도록 주의해야 합니다

다음은 객체에 추가된 속성을 읽는 두 가지 방법입니다.

```
obj[ key ]
obj.key
```

이는 내장 속성과 구분이 없기 때문에 자칫 추가하려는 속성이 내장 속성과 일치하여 덮어 씌우는 오류를 범할 수 있습니다.

다음은 객체의 내장 속성을 덮어씌워 보았습니다.

```
var obj = {};           ← 객체를 선언하고
obj.toString();         ← toString 내장 함수를 호출하면 "[object Object]" 결과가 출력됨
obj.toString = function(){};   ← 내장 함수와 같은 이름의 toString 속성을 추가
obj.toString();         ← 결과는 undefined, 내장 속성이 덮어 씌워짐
```

맵은 이와 같은 문제가 발생하지 않도록 set으로 값을 저장하고 get으로 읽어 오도록 하여 내장 속성과의 충돌을 방지합니다.

```
map.set(key, value);
map.get(key);           ← 내장 속성과 충돌할 염려가 없다
```

객체는 이터러블 규약을 따르지 않지만 맵은 이터러블 규약을 따릅니다

객체는 이터러블 규약을 따르지 않아 for...of 문으로 순회가 되지 않지만 맵은 이터러블 규약을 따르기 때문에 for...of 문으로 순회가 가능합니다.

```
for(let value of map){
   console.log(value);
}
```

위의 맵과 객체의 차이점으로 맵에 대해 살펴보았습니다.

그럼 맵의 사용법에 대해서 좀 더 자세히 알아보도록 하겠습니다.

먼저, 맵을 선언하는 방법입니다.

new 연산자 뒤에 Map 함수를 호출하여 맵을 선언합니다.

```
let map = new Map( [iterable] );
```

| [iterable] | Iterable은 배열이거나, element들이 key-value 쌍을 이루는 다른 iterable 객체이고, 각 key-value 쌍은 새로운 Map에 추가됩니다. |

3-2-3 맵 속성

다음은 맵 속성을 정리한 표입니다.

| size | 맵에 추가된 항목 수를 알려줍니다. |

3-2-4 맵 메서드

다음은 맵 메서드를 정리한 표입니다.

메서드	설명
set(key, value)	맵에 새로운 항목을 추가하고 맵 인스턴스를 반환합니다.
get(key)	인자와 같은 key를 갖는 항목의 value 값을 반환합니다.
clear()	맵의 항목을 모두 삭제합니다.
delete(key)	인자와 같은 key를 갖는 항목을 삭제합니다. 삭제할 항목이 존재할 경우 true 값을, 존재하지 않는 경우 false를 반환합니다.
entries()	추가된 항목을 열거할 수 있는 이터레이터 객체를 반환합니다.
forEach(callbackFn)	맵에 추가된 항목을 순회합니다.
has(key)	인자와 같은 key를 갖는 항목이 존재하면 true, 존재하지 않으면 false를 반환합니다.
keys()	추가된 항목의 key를 열거할 수 있는 이터레이터 객체를 반환합니다.
values()	추가된 항목의 value를 열거할 수 있는 이터레이터 객체를 반환합니다.
[@@iterator]()	추가된 항목을 열거할 수 있는 이터레이터 객체를 반환합니다. entries 메서드와 동일합니다.

- set(key, value)

set 메서드는 맵에 새로운 항목을 순서대로 추가해 줍니다.

인자 key는 항목을 구분하는 역할을 하며, 객체와는 달리 모든 type의 사용이 가능합니다.

set 메서드의 사용 예를 살펴보도록 하겠습니다.

```
let obj = {};
let f = function(){};
let map = new Map();

map.set(obj, 100);        ← 객체를 key로 사용
console.log(map.size);    ← 맵 항목수는 1

map.set(f, 200);          ← 함수를 key로 사용
console.log(map.size);    ← 맵 항목수는 2
```

set 메서드는 호출 뒤에 맵 인스턴스를 반환하기 때문에 다음과 같은 구문의 사용이 가능합니다.

```
map.set('a', 100).set('b', 200);
```

- get(key)

get 메서드는 맵에 추가된 항목 중 key 인자와 일치하는 key를 갖는 항목의 value 값을 반환합니다.

get 메서드의 사용 예를 살펴보도록 하겠습니다.

```
let obj = {};
let map = new Map();
map.set(obj, 100);
map.get(obj);    ← 결과값은 100
```

- clear()

clear 메서드는 맵에 추가된 모든 항목을 삭제합니다.

clear 메서드의 사용 예를 살펴보도록 하겠습니다.

```javascript
let map = new Map();

map.set('a', 100).set('b', 200);   ← 항목 두 개를 추가
console.log(map.size);   ← 결과값은 2

map.clear();   ← 항목을 모두 삭제
console.log(map.size);   ← 결과값은 0
```

- delete(key)

delete 메서드는 인자 key와 일치하는 항목을 삭제합니다.
delete 메서드의 사용 예를 살펴보도록 하겠습니다.

```javascript
let map = new Map();
map.set('a', 100).set('b', 200);

map.delete('b');   ← 'b'를 key로 갖는 항목 삭제
map.get('b');   ← 결과값은 undefined
```

- entries()

entries 메서드는 맵의 항목을 열거할 수 있는 이터레이터 객체를 반환합니다. 이터레이터 객체에 next 메서드 호출 시 반환되는 객체의 value 속성값은 맵의 항목을 원소로 하는 배열([key, value])이 됩니다.
entries 메서드의 사용 예를 살펴보도록 하겠습니다.

```javascript
let map = new Map();
map.set('a', 100).set('b', 200);

let mapIter = map.entries();
mapIter.next();   ← 결과 {value:['a', 100], done:false}
mapIter.next();   ← 결과 {value:['b', 200], done:false}
mapIter.next();   ← 결과 {value:undefined, done:true}
```

맵 항목이 [key, value] 형태의 배열이 되어 이터레이터 객체에 next 메서드 호출 시 반환 객체의 value 속성값이 되었음을 볼 수 있습니다.

- forEach(callbackFn)

forEach 메서드는 맵 항목을 순회합니다. 이때 인수인 콜백 함수로 value와 key 그리고 맵을 전달합니다. 여기서 유의할 점은 전달 순서가 value, key, map순이라는 것입니다. forEach 메서드의 사용 예를 살펴보도록 하겠습니다.

```
let map = new Map();
map.set('a', 100).set('b', 200);
map.forEach(function(value, key){
        console.log(value, key);     ← 결과는 100, 'a'
                                              200, 'b'
});
```

- has(key)

has 메서드는 맵 항목에 인자 key와 일치하는 항목의 유무를 확인한 후 결과를 true, false로 알려 줍니다.

has 메서드의 사용 예를 살펴보도록 하겠습니다.

```
let obj = {};
let map = new Map();

map.set(obj, 100);
map.set({a:100}, 200);

map.has(obj);            ← true
map.has({a:100});        ← false (속성과 값은 같지만 따로 생성되었으므로 다른 객체)
```

- keys()

keys 메서드는 맵 항목 전체의 key를 열거 가능한 이터레이터 객체를 반환합니다.
keys 메서드의 사용 예를 살펴보도록 하겠습니다.

```
let map = new Map();
map.set('a', 100).set('b', 200);

let mapIter = map.keys();    ← 맵 항목 key 전체를 항목으로 하는 이터레이터 객체를 반환
mapIter.next();              ← {value:'a', done:false}
mapIter.next();              ← {value:'b', done:false}
mapIter.next();              ← {value:undefined, done:true}
```

- values()

values 메서드는 맵 항목 전체의 value를 열거 가능한 이터레이터 객체를 반환합니다.
values 메서드의 사용 예를 살펴보도록 하겠습니다.

```
let map = new Map();
map.set('a', 100).set('b', 200);

let mapIter = map.keys();      ← 맵 항목 value 전체를 항목으로 하는 이터레이터 객체를 반환
mapIter.next();    ← {value:100, done:false}
mapIter.next();    ← {value:200, done:false}
mapIter.next();    ← {value:undefined, done:true}
```

- [@@iterator]()

@@iterator 메서드는 entries 메서드와 동일하게 맵의 항목을 열거할 수 있는 이터레이터 객체를 반환합니다. 이터레이터 객체에 next 메서드 호출 시 반환되는 객체의 value 속성값은 맵의 항목을 원소로 하는 배열([key, value])이 됩니다.
@@iterator 메서드의 사용 예를 살펴보도록 하겠습니다.

```
let map = new Map();
map.set('a', 100).set('b', 200);

let mapIter = map[Symbol.iterator]();
mapIter.next();    ← 결과 {value:['a', 100], done:false}
mapIter.next();    ← 결과 {value:['b', 200], done:false}
mapIter.next();    ← 결과 {value:undefined, done:true}
```

3-2-5 셋

셋(Set)은 맵과 달리 value들로 이루어진 컬렉션입니다. 배열도 value로만 이루어진 컬렉션 이지만 둘에는 차이가 있습니다. 셋은 배열처럼 index로 값을 읽어 올 수 없으며, 열거를 통해서만 값을 얻을 수 있습니다.

먼저, 셋의 선언 방법입니다.

new 연산자 뒤에 Set 함수를 호출하여 셋을 선언합니다.

```
let set = new Set( iterable );
```

iterable	셋은 이터러블 객체를 인자로 하며, 중복된 항목은 저장되지 않습니다.

셋은 중복된 값을 저장하지 않습니다

셋에 저장된 value 값을 다시 저장하려고 하면, 그 값은 저장되지 않습니다. 그것은 인자인 이터러블 객체도 마찬가지로 중복된 항목은 한 번만 저장하도록 처리합니다.
다음 코드에서 중복된 값의 저장 예를 살펴보겠습니다.

```
let set = new Set([1,2,3,1,2,3]);     ← [1,2,3,1,2,3] 중복된 원소를 갖는 배열을 인자로 할당
console.log(set);     ← Set {1, 2, 3} 중복된 value는 저장되지 않음
set.add(2);
```

셋 속성

다음은 셋 속성을 정리한 표입니다.

size	셋에 추가된 항목 수를 알려줍니다.

셋 메서드

다음은 셋 메서드를 정리한 표입니다.

add(value)	셋에 새로운 항목을 추가하고 셋 인스턴스를 반환합니다.
clear()	셋의 항목을 모두 삭제합니다.
delete(value)	인자와 같은 value를 갖는 항목을 삭제합니다. 삭제할 항목이 존재할 경우 true 값을, 존재하지 않는 경우 false를 반환합니다.
entries()	추가된 항목을 열거할 수 있는 이터레이터 객체를 반환합니다.
forEach(callbackFn)	셋에 추가된 항목을 순회합니다.
has(value)	인자와 같은 value를 갖는 항목이 존재하면 true, 존재하지 않으면 false를 반환합니다.
keys(), values(), [@@iterator]()	keys, values, @@iterator 메서드 모두 셋의 value를 열거할 수 있는 이터레이터 객체를 반환합니다.

- add(value)

add 메서드는 인자 value를 순서대로 셋 항목을 추가한 뒤 셋 인스턴스를 반환합니다.
add 메서드의 사용 예를 살펴보도록 하겠습니다.

```javascript
let set = new Set();
set.add(100);
set.add(200);

for(let value of set){
    console.log(value);      ← 결과는 추가된 셋 항목 100, 200
```

- clear()

clear 메서드는 셋에 추가된 모든 항목을 삭제합니다.
clear 메서드의 사용 예를 살펴보도록 하겠습니다.

```javascript
let set = new Set();
set.add(100);
set.add(200);
console.log(set.size);      ← 셋 항목수는 2

set.clear();                ← 모든 셋 항목을 삭제
console.log(set.size);      ← 셋 항목수는 0
```

- delete(value)

delete 메서드는 value 인자와 일치하는 셋 항목을 삭제합니다.
delete 메서드의 사용 예를 살펴보도록 하겠습니다.

```javascript
let obj = {};
let set = new Set();
set.add(obj);
set.add(100);
console.log(set.size);      ← 셋 항목수는 2

set.delete(obj);            ← 변수 obj와 일치하는 셋 항목 삭제
console.log(set.size);      ← 셋 항목수는 1
```

• entries()

entries 메서드는 셋 항목을 열거할 수 있는 이터레이터 객체를 반환하는데, 이터레이터 객체의 항목은 셋 항목을 [value, value]의 형태로 하는 배열이 됩니다.

entries 메서드의 사용 예를 살펴보도록 하겠습니다.

```
let set = new Set('abcabc');
let setIter = set.entries();      ← 셋 항목을 열거할 수 있는 이터레이터 객체를 반환

for(let value of setIter){
        console.log(value);        ← 결과는 ['a', 'a'], ['b', 'b'], ['c', 'c'] 셋 항목의 value
                                      를 첫번째와 두번째 원소로 하는 배열
}
```

• forEach(callbackFn)

forEach 메서드는 셋 항목을 순회합니다. 이때 인수인 콜백 함수로 value와 key 그리고 셋을 전달합니다. 여기서 유의할 점은 value와 key 둘 다 셋 항목의 value가 할당되어져 있고 전달 순서가 value, key, set 순이라는 것입니다.

forEach 메서드의 사용 예를 살펴보도록 하겠습니다.

```
let set = new Set('abab');
set.forEach(function(value, key){
        console.log(value, key);    ← 결과는 'a', 'a'
                                             'b', 'b'
                                     value, key 모두 셋 항목의 value와 같다.
});
```

• has(value)

has 메서드는 셋 항목에 인자 value와 일치하는 항목의 유무를 확인한 후 결과를 true, false로 알려 줍니다. has 메서드의 사용 예를 살펴보도록 하겠습니다.

```
let obj = {};
let set = new Set();
set.add(obj);

console.log(set.has(obj));   ← 결과는 true, 셋 항목에 변수 obj객체가 존재한다.
```

Chapter 03_내장 객체 ■ 79

- keys(), values(), [@@iterator]()

keys, values, @@iterator 메서드들은 모두 셋 항목을 열거할 수 있는 이터레이터 객체를 반환합니다.

먼저 살펴본 entries 메서드도 같은 역할을 하지만 entries 메서드 같은 경우 이터레이터 객체의 열거 항목이 [key, value]와 같은 형태였다면 keys, values, @@iterator 메서드는 value만 열거됩니다.

keys, values, @@iterator 메서드들의 사용 예를 살펴보도록 하겠습니다.

```
let set = new Set('abab');

// keys
let keys = set.keys();
for(let value of keys){
    console.log(value);     ← 결과는 'a', 'b'
}

// values
let values = set.values();
for(let value of values){
    console.log(value);     ← 결과는 'a', 'b'
}

// @@Iterator
let setIter = set[Symbol.iterator]();
for(let value of setIter){
    console.log(value);     ← 결과는 'a', 'b'
}
```

keys, values, @@iterator 메서드 모두 동일한 결과가 출력 되었습니다.

3-2-6 위크맵

위크맵(WeakMap)은 맵과 같이 key와 value 쌍으로 이루어진 항목을 갖는 컬렉션이며, 맵과 기능이 거의 동일합니다.

다만 맵과 위크맵의 차이는 맵 항목 key는 타입 제한이 없는데, 위크맵 항목 key는 *참조 타입만 허가합니다. 이는 위크맵의 모든 항목이 삭제되었을 때 가비지 컬렉션의 수거 대상이 되도록 하기 위해서 입니다. 그렇기에 위크맵 항목 key는 열거되거나 조회될 수 없습니다. 조회가 된다는 것은 위크맵 항목에 key를 직접 저장해야만 가능하기 때문입니다.

즉, 위크맵은 맵 API와 모두 동일하나 열거 관련 메서드와 목록 수 조회 속성이 존재하지 않습니다.

> *** 원시 타입과 참조 타입**
> 자바스크립트에서는 원시 타입(primitive type)과 참조 타입(reference type)이라는 두 가지 자료형이 존재합니다.
> 숫자, 불린값, null과 undefined는 원시 타입이고, 객체, 배열, 함수는 참조 타입에 해당합니다.
> 원시 타입 데이터는 변수에 할당될 때 메모리상에 고정된 크기로 저장되고 해당 변수가 원시 데이터 값을 보관합니다.
> 참조 타입 데이터는 크기가 정해져 있지 않고 변수에 할당될 때 값이 직접 해당 변수에 저장될 수 없으며, 변수에는 데이터에 대한 참조만 저장됩니다.

먼저, 위크맵을 선언하는 방법입니다.

new 연산자 뒤에 WeakMap 함수를 호출하여 위크맵을 선언합니다.

```
let weakMap = new WeakMap( [iterable] );
```

| [iterable] | Iterable은 배열(key가 될 원소는 반드시 참조 타입)이거나, element들이 key, value 쌍을 이루는 다른 iterable 객체이고, 각 key, value 쌍은 새로운 위크맵에 추가됩니다. |

위크맵 메서드

다음은 위크맵 메서드를 정리한 표입니다.

set(key, value)	위크맵에 새로운 항목을 추가하고 위크맵 인스턴스를 반환합니다.
get(key)	인자와 같은 key를 갖는 항목의 value 값을 반환합니다.
delete(key)	인자와 같은 key를 갖는 항목을 삭제합니다. 삭제할 항목이 존재할 경우 true 값을, 존재하지 않는 경우 false를 반환합니다.
has(key)	인자와 같은 key를 갖는 항목이 존재하면 true, 존재하지 않으면 false를 반환합니다.

- set(key, value)

set 메서드는 맵의 set 메서드와 동일하나 항목 key가 반드시 참조 타입 이어야 한다는 점의 차이가 있습니다.

```
let obj = {};
let weakMap = new WeakMap();
weakMap.set(obj, 100);        ← key로 참조 타입을 사용
console.log(weakMap.get(obj));  ← 결과는 100
```

3-2-7 위크셋

위크셋(WeakSet)은 셋과 같이 value로만 이루어진 항목을 갖는 컬렉션이며 셋과 기능이 거의 같습니다. 셋은 value의 타입 제한이 없으나, 위크셋 value는 참조 타입만 허가합니다.

이는 위크셋의 모든 항목이 삭제되었을 때 가비지 컬렉션의 수거 대상이 되도록 하기 위해서 입니다.

그렇기에 위크셋 항목의 value는 열거되거나 조회될 수 없습니다. 조회가 된다는 것은 위크셋 내부 항목에 value를 직접 저장해야만 가능하기 때문입니다.

즉, 위크셋은 셋 API와 모두 동일하나 열거관련 메서드와 목록 수 조회 속성이 존재하지 않습니다.

먼저, 위크셋을 선언하는 방법입니다.

new 연산자 뒤에 WeakSet 함수를 호출하여 위크셋을 선언합니다.

```
let weakSet = new WeakSet( [iterable] );
```

| iterable | 위크셋은 이터러블 객체(참조 타입만 허용)를 인자로 하며, 중복된 항목은 저장되지 않습니다. |

위크셋 메서드

다음은 위크셋 메서드를 정리한 표입니다.

add(value)	위크셋에 새로운 항목을 추가하고 셋 인스턴스를 반환합니다.
delete(value)	인자와 같은 value를 갖는 항목을 삭제합니다. 삭제할 항목이 존재할 경우 true 값을, 존재하지 않는 경우 false를 반환합니다.
has(value)	인자와 같은 value를 갖는 항목이 존재하면 true, 존재하지 않으면 false를 반환합니다.

• add(value)

add 메서드는 셋의 add 메서드와 동일하나 항목 value가 반드시 참조 타입 이어야 한다는 차이점이 있습니다.

```
let obj = {};
let weakSet = new WeakSet();
weakSet.add(obj);          ← value로 참조 타입을 사용
console.log(weakSet.has(obj));    ← 결과는 true
```

단|원|핵|심|정|리

이번 장에서는 새로운 컬렉션인 맵, 셋, 위크맵, 위크셋에 대해서 살펴봤습니다.

다음은 객체와 맵과 셋의 차이점을 정리한 표입니다.

	항목	항목 조회
객체(Object)	key와 value로 이루어지며, 내장 속성이 덮어씌워 지므로 주의해야 합니다.	별도로 제공하는 메서드가 없고, 이터러블 규약을 따르지 않으므로 for..of 문으로 열거할 수 없습니다.
맵(Map)	key와 value로 이루어지며, 따로 항목을 추가할 수 있는 메서드를 제공하므로 내장 속성을 덮어씌울 염려가 없습니다.	항목을 열거할 수 있도록 entries 메서드를 제공하며, 이터러블 규약을 따르므로 for..of 문으로 열거할 수 있습니다.
셋(Set)	value로만 이루어지며, 별도로 항목을 추가할 수 있는 메서드를 제공하므로 내장 속성을 덮어씌울 염려가 없습니다.	항목을 열거할 수 있도록 entries 메서드를 제공하며, 이터러블 규약을 따르므로 for..of 문으로 열거할 수 있습니다.

다음은 컬렉션과 위크컬렉션의 차이점을 정리한 표입니다.

	맵(Map)	셋(Set)
컬렉션	항목이 key와 value로 이루어지며, key의 유형으로 원시 타입과 참조 타입 모두 가능합니다.	항목이 value로 이루어지며, value의 유형으로 원시 타입과 참조 타입 모두 가능합니다.
위크컬렉션	항목이 key와 value로 이루어지며, key의 유형으로 참조 타입만 가능합니다.	항목이 value로 이루어지며, value의 유형으로 참조 타입만 가능합니다.

문제풀면서복습하기

1 객체와 맵을 비교해 보는 예제입니다.

a:100, b:200, c:300을 갖는 객체 리터럴로부터 속성 수를 얻는 예제를 미리 작성해 두었습니다. 미리 작성된 객체 리터럴과 같은 key와 value를 갖는 맵을 작성하고 항목수를 출력해 봅시다.

작성된 코드를 살펴보겠습니다.

example/chapter3/3-2/ex01.html

```
1   // Object
2   let obj = {a:100, b:200, c:300};    ← 객체 리터럴에 key와 value 할당
3   let size = 0;
4   for(let prop in obj){                ← 객체 속성수는 조회할 수 있는 API가 없으므로, 반복문으로 수를 셈
5       size++;
6   }
7   console.log(size);                   ← 속성 수는 3
```

작성된 코드를 브라우저에서 실행시키고 개발자도구의 Console에서 결과를 확인해 보면 다음 그림처럼 속성 수 3이 출력 되었습니다.

이와 같은 동작을 하는 맵을 작성해 봅시다.

```
1   // Map
2   let map = new Map([['a',100], ['b',200], ['c',300]]);    ← 다음 항목을 갖는 맵 생성
                                                              key: 'a', value: 100
                                                              key: 'b', value: 200
                                                              key: 'c', value: 300
3   console.log(map.size);     ← 항목 수는 3
```

먼저 작성한 객체와 같은 결과를 보여 주는지 확인해 봅시다.

작성된 코드를 브라우저에서 실행시키고 개발자도구의 Console에서 결과를 확인해 보면 다음 그림처럼 속성 수 3이 출력 되었습니다.

이와 같이 맵을 사용하면 객체를 사용하였을 때 보다 간단하게 항목 수를 얻을 수 있습니다.

2 배열과 셋을 비교해 보는 예제입니다.

변수 str 문자열 값을 한 글자씩 배열의 원소로 하는데, 중복된 글자는 제외시키도록 미리 작성해 두었습니다. 이와 같은 동작을 하는 셋을 작성해 봅시다.

example/chapter3/3-2/ex02.html

```
1   let str = ' 공부합시다 ES6 ES6 ';
2
3   // Array
4   let arr = [];
5
6   const unique = function(text){      ← 배열에 추가된 글자인지 확인하는 함수
7       let isUnique = true;
8       for(let value of arr){
9           if(value == text) isUnique = false;
10      }
11      return isUnique;                ← 배열에 없는 글자라면 true, 있다면 false를 반환
12  }
13
14  for(let text of str){               ← 문자열을 한글자씩 순회
15      let isUnique = unique(text);
16      if(isUnique) arr.push(text);    ← unique 함수를 통해 배열에 존재하는 문자열인지 확인 후
                                            배열에 없을 경우 추가
17  }
18  for(let value of arr){
19      console.log(value);             ← 출력된 결과는 '공', '부', '합', '시', '다', ' ', 'E', 'S', 6
                                            중복된 글자는 추가되지 않았다
20  }
```

작성된 코드를 브라우저에서 실행시키고 개발자도구의 Console에서 결과를 확인해 보면 다음 그림처럼 '공', '부', '합', '시', '다', ' ', 'E', 'S', 6 값이 출력 되었습니다.

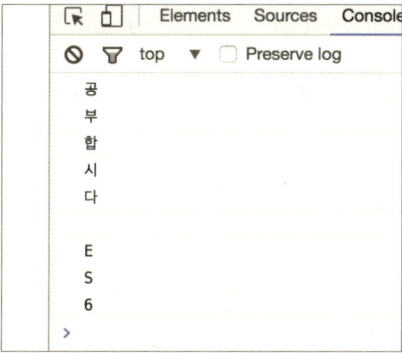

이와 같은 동작을 하는 셋을 작성해 봅시다.

```
1  let str = ' 공부합시다 ES6 ES6 ';
2
3  // Set
4  let set = new Set(str);    ← 셋을 선언하고 변수 str의 문자열을 한글자씩 항목으로 추가
5
6  for(let value of set){
7      console.log(value);    ← 출력된 결과는 '공', '부', '합', '시', '다', ' ', 'E', 'S', 6
8  }                             중복된 글자는 추가되지 않았다
```

먼저 작성한 배열과 같은 결과를 보여 주는지 확인해 봅시다.

작성된 코드를 브라우저에서 실행시키고 개발자도구의 Console에서 결과를 확인해 보면 다음 그림처럼 '공', '부', '합', '시', '다', ' ', 'E', 'S', 6 값이 출력 되었습니다.

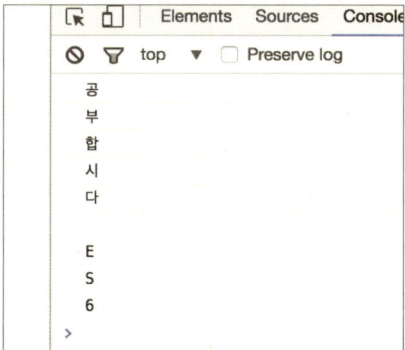

이와 같이 셋을 사용하면 배열을 사용했을 때처럼 복잡한 로직없이 항목이 중복 추가되지 않도록 할 수 있습니다.

03-3
심볼

심볼(Symbol)은 ES6에서 새로 추가된 유형(type)이며, 객체의 속성으로 사용됩니다. 객체의 속성으로 심볼을 사용하는 이유는 내장 속성과의 충돌을 피하기 위함입니다. 객체 내장 속성과 같은 이름의 속성을 추가하면 내장 속성이 덮어 씌워져 더 이상 사용할 수 없습니다. 의도된 것이 아니라면 객체 내장 속성 이름과 추가할 속성의 이름이 충돌하지 않도록 해야 하는데, 그러기 위해선 내장 속성명을 조회해 보고 추가해야 할 것입니다.

심볼을 사용하면 이러한 불편함을 해결할 수 있습니다.

먼저 심볼을 생성하는 방법입니다.
심볼은 new 연산자를 사용하지 않으며, Symbol 함수를 호출하여 선언합니다.

```
let symbol = Symbol(description)
```

| description | 단순히 디버깅 용도이며, 구분자 역할은 하지 못합니다. |

description 인자는 심볼을 구분해 내지 못하는데, 그 이유는 심볼은 함수 호출 시 매번 새로운 심볼을 생성해내기 때문입니다. 아래 같은 description을 추가한 심볼을 비교해 보겠습니다.

```
Symbol('foo') === Symbol('foo');    ← 결과는 false, 서로 다른 심볼
```

description은 단순히 디버깅 시 출력용입니다. 심볼을 console로 출력해 보면 Symbol(description) 형태로 출력이 됩니다. 다음 코드는 심볼을 출력해 보았습니다.

```
let symbol = Symbol('foo');
console.log(symbol);     ← 결과는 Symbol(foo)
```

- **심볼은 객체에 속성 추가 시 내장 속성과의 충돌을 피할 수 있습니다**

객체에 속성 추가 시 내장 속성과 같은 이름의 속성을 추가하면 내장 속성을 덮어 씌우게 됩니다.

다음 코드는 배열의 내장 속성을 덮어 씌우는 예입니다.

```
let arr = [1, 2, 3];
console.log(arr.length);    ← 결과는 3, length 배열의 원소 수를 조회할 수 있는 내장 속성
arr.length = 100;           ← 배열에 length 속성을 정의
console.log(arr.length);    ← 결과는 100, 배열의 내장 속성이 덮어씌워 졌다.
```

내장 속성을 변경하는 것은 개발자로 하여금 큰 혼돈을 주게 됩니다. 배열 원소수를 얻으려 할 때 원치 않는 결과를 얻게 되기 때문입니다.

심볼을 이용하여 해당 문제를 해결해 보겠습니다.

```
let arr = [1, 2, 3];
const length = Symbol('length');    ← 심볼을 선언
arr[length] = 100;                  ← 배열에 심볼을 속성으로 추가
console.log(arr[length]);           ← 결과는 100
console.log(arr.length);            ← 결과는 3, 내장 속성이 그대로다.
```

- **객체에 심볼로 추가한 속성은 for...in 반복문에서 나타나지 않습니다**

배열에 속성을 추가할 경우 for...in 반복문에 속성도 함께 포함됩니다. for...in 문으로 배열을 순회하는 이유는 배열의 원소를 얻기 위함인데, 속성까지 읽힌다면 원치 않는 결과를 얻게 됩니다.

아래 그 예를 살펴보겠습니다.

```
let arr = [1, 2, 3];
arr.prop = 100;
for(let i in arr){
        console.log(i);     ← 결과는 0, 1, 2, prop
                              배열의 index외에 추가된 속성이 포함된다.
}
```

심볼을 사용하면 for...in 반복문의 순회에 포함되지 않습니다. 배열에 속성이 필요한 경우 원소의 순회를 방해하지 않고 속성을 추가시켜 줄 수 있습니다.

다음은 그 예를 반영한 코드입니다.

```
let arr = [1, 2, 3];
let prop = Symbol('prop');
arr[prop] = 100;
for(let i in arr){
        console.log(i);     ← 결과는 0, 1, 2
                              배열의 index만 순회되었다.
}
```

단|원|핵|심|정|리

심볼은 객체 내장 속성과의 충돌을 피하기 위해 새롭게 추가된 타입입니다.

심볼은 배열에 속성으로 추가하더라도 for...in 문 순회에 포함되지 않습니다.

문|제|풀|면|서|복|습|하|기

1 심볼의 유형(type)을 확인해 보고 형변환을 시도해 봅시다.

typeof 연산자를 이용하여 심볼의 유형을 확인해 보고, 심볼을 숫자형으로 변환해 보도록 하겠습니다.

다음 코드를 보면 심볼을 생성하여 typeof 연산자로 심볼의 유형을 확인한 후, Number 메서드로 심볼을 숫자형으로 변환을 시도하였습니다.

example/chapter3/3-3/ex01.html
```
1   let symbol = Symbol();            ← 심볼 생성
2   console.log(typeof symbol);       ← 심볼의 유형 확인
3   console.log(Number(symbol));      ← 심볼을 숫자형으로 변환
```

예제를 실행하여 브라우저 콘솔에서 결과를 확인해 보면 심볼의 유형은 symbol로 출력되며, 숫자형으로 변환 시 "Cannot convert a Symbol value to a number at Number", 즉 숫자로 변환할 수 없다는 오류 메시지가 출력됩니다.

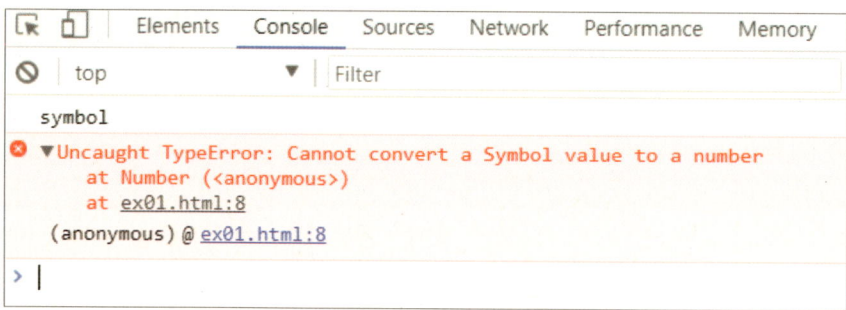

03-4
Promise

Promise는 지연 함수와 비동기 연산을 제어할 수 있도록 해주는 클래스입니다. 비동기식 언어의 특성상 지연 함수 또는 비동기 연산이 종료되기 전에 아래쪽 구문이 실행되기 때문에 결과값을 활용하기가 까다롭고 코드 가독성이 떨어집니다.
Promise는 지연 함수 또는 비동기 연산을 내부에서 처리 후 이행 여부에 따라 결과 또는 실패 원인만을 전달해 주는데 메서드 체인을 통해 코드 가독성을 높였습니다.
다음 코드의 예를 살펴보겠습니다.

- 지연 함수의 결과값이 반영되지 않는 경우

```
var cnt = 0;

setTimeout(function(){
      cnt++;      ← cnt를 1증가
}, 1000);

console.log(cnt);    ← 결과는 0 (지연 함수안의 구문보다 먼저 실행됨)
```

- 지연 함수의 결과를 전달받기 위해 가독성이 떨어집니다.

```
var cnt = 0;
setTimeout(function(){
      receiveCount(cnt++);    ← cnt를 1증가하고, receiveCount 함수 호출
}, 1000);
function receiveCount($cnt){
      cnt = $cnt;
      console.log(cnt);    ← 결과는 1
}
```

- Promise는 위의 불편함을 해결하기 위해 내부에서 이를 처리한 뒤 메서드 체인으로 가독성을 높여 줍니다.

```js
let cnt = 0;

let promise = new Promise(function(resolve, reject){      ← Promise 생성
    setTimeout(function(){       ← 지연함수를 Promise 내부에서 관리
        cnt++;
        resolve(cnt);            ← 결과값을 전달
    });
});

promise.then(function($cnt){
    cnt = $cnt;
    console.log(cnt);
});
```

먼저 Promise의 생성법을 살펴보겠습니다.

Promise는 new 연산자 뒤에 Promise 함수를 호출하여 선언합니다.

```js
let promise = new Promise( /* executor */ function(resolve, reject){ … } );
```

executor(function)	Promise 객체 생성 시 전달 인자 콜백 함수이며, 인수인 resolve 함수와 reject 함수를 전달합니다. executor 함수는 Promise 인스턴스 생성 시 바로 실행되며, 이행 여부를 결정하여 resolve 함수 또는 reject 함수를 호출합니다.

Promise가 생성되면 executor 함수가 실행되며 내부에서 지연 함수 또는 비동기 연산을 기다리다(pending) 이행여부를 결정하여 이행(fulfill) 또는 거절(reject)을 생성자에 전달하는데, 이행일 경우 전달받은 resolve 함수를 호출하며 인자로 결과값(value)을 전달하고, 거절일 경우 전달받은 reject 함수를 호출하며 인자로 거절 이유(reason)를 전달합니다.

전달된 결과가 이행일 경우 생성자의 then 메서드 호출 시 이행 결과값이 인수로 전달받으며, 거절일 경우 catch 메서드 인수 또는 then 메서드의 두 번째 인수로 값을 전달받습니다.

then과 catch 메서드는 모두 호출 뒤에 다시 생성자 Promise를 반환합니다.
다음 그림은 Promise가 실행되는 과정입니다.

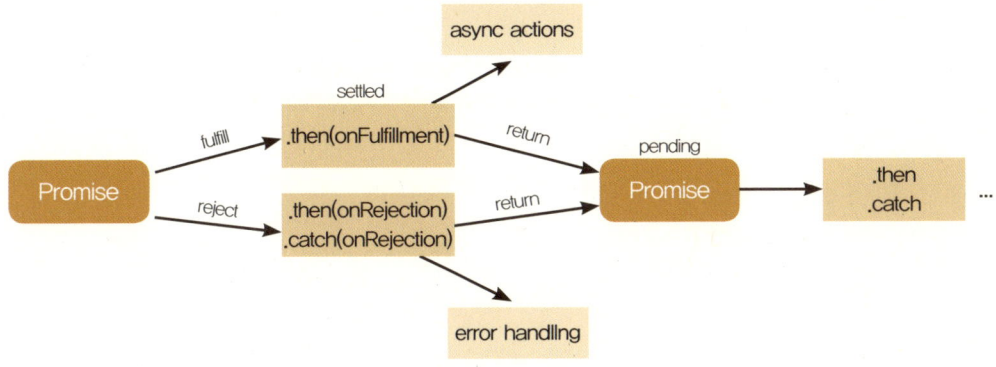

코드를 예로 좀 더 살펴보면 Promise를 생성하고 executor 함수 내부에 지연 함수를 실행한 뒤 이행을 결정하여 resolve 함수를 호출하고 결과값을 전달합니다.
전달된 결과값은 then 메서드 호출 시 인수가 됩니다.

```
let promise = new Promise(function(resolve, reject){    ← Promise를 생성하고
                                                          전달인자로 executor 함수를 참조하고,
                                                          인수인 resolve와 reject 함수를 전달받음
    setTimeout(function(){
        resolve('success');    ← 1초뒤에 이행 결정인 resolve 함수를 호출
    }, 1000);
});
promise.then(function(value){    ← 이행 결정시 then 메서드 인수를 통해 결과값을 전달받음
    console.log(value);    ← 결과는 'success'
});
```

다음은 위와 같은 상황에서 이행을 거절하는 reject 함수를 호출하여 거절 이유를 전달하여, catch 메서드 호출 시 인수를 통해 전달받도록 하는 예를 살펴보겠습니다.

```
let promise = new Promise(function(resolve, reject){
    setTimeout(function(){
        reject('failed');        ← 1초뒤에 이행 거절인 reject함수를 호출
    }, 1000);
});

promise.then(function(value){    ← 이행이 거절되었으므로 호출되지 않음
    console.log(value);
});

promise.catch(function(reason){  ← 이행 거절시 catch 메서드 인수를 통해 거절 이유를 전달받음
    console.log(reason);         ← 결과는 'failed'
});
```

Promise 메서드

다음은 Promise 메서드를 정리한 표입니다.

then(onFulfilled, onRejected)	이행 또는 이행 거절이 되었을 때 인수인 콜백 함수 호출을 받습니다. 첫 번째 인수 onFulfilled는 이행이 되었을 때 호출받는 콜백 함수이며, 인수에 이행 결과를 전달 받습니다. 두 번째 인수 onRejected는 이행 거절이 되었을 때 호출받는 콜백 함수이며, 인수에 거절 이유를 전달 받습니다.
catch(onRejeced)	onRejected는 이행 거절이 되었을 때 호출 받는 콜백 함수이며, 인수에 거절 이유를 전달받습니다.
Promise.all(iterable)	all 메서드는 한 번에 여러 Promise 생성자의 이행 결과를 모아 전달해 줍니다.
Promise.race(iterable)	race 메서드는여러 Promise 생성자를 경합하여 가장 빠른 Promise 생성자의 이행 결과를 전달합니다. 인수인 iterable은 여러 Promise 생성자를 항목으로 하며, 그 중 가장 빨리 이행 결정된 결과만 전달합니다. 이때 하나라도 이행 거부되면 중지하고 이행 거부 이유를 전달합니다.

- Promise.all(iterable)

Promise.all 메서드는 한꺼번에 여러 Promise 생성자의 이행 결과를 모아 전달해 줍니다.

인수인 iterable은 여러 Promise 생성자를 항목으로 하며, 열거순으로 Promise의 이행 결과를 모두 배열에 담아 전달합니다. 이때 하나라도 이행 거부되면 중지하고 이행 거부 이유를 전달합니다.

다음 코드 예를 살펴보겠습니다.

두 개의 Promise를 생성하여 각각 지연 함수의 시간을 다르게 한 뒤 배열에 담아 Promise.all 메서드 호출 시 인자로 하였습니다.

두 Promise는 지연 함수에 의해 서로 다른 시간에 이행 결정이 되지만 시간과는 상관없이 이터러블 객체의 열거 순서에 따라 결과값이 배열로 전달됩니다.

```javascript
let p1 = new Promise(function(resolve, reject){    ← 첫 번째 promise 생성
    setTimeout(function(){
        resolve('p1 fulfilled');
    }, 2000);    ← 2초뒤 이행 결정
});

let p2 = new Promise(function(resolve, reject){    ← 두 번째 promise 생성
    setTimeout(function(){
        resolve('p2 fulfilled');
    }, 1000);    ← 1초뒤 이행 결정
});

let iterable = [p1, p2];    ← p1, p2순으로 열거되는 이터러블 생성
Promise.all(iterable).then(function(value){    ← Promise.all 메서드를 호출하고, 인자 iterable을 전달
    console.log(value);    ← 결과는 ['p1 fulfilled', 'p2 fulfilled']
}, function(reason){    ← 모두 이행이므로 호출되지 않음
    console.log(reason);
});
```

위의 결과에서 알 수 있듯 p2의 이행 결정이 빠르지만 iterable의 열거 대상인 모든 Promise에서 이행 결정이 된 뒤에 열거순으로 결과값을 배열로 전달함을 볼 수 있습니다.

- Promise.race(iterable)

Promise.race 메서드는 여러 Promise 생성자를 경합하여 가장 빠른 Promise 생성자의 이행 결과를 전달합니다.

인수인 iterable은 여러 Promise 생성자를 항목으로 하며, 그 중 가장 빨리 이행 결정된 결과만 전달합니다. 이때 하나라도 이행 거부되면 중지하고 이행 거부 이유를 전달합니다.

다음 코드 예를 살펴보겠습니다.

두 개의 Promise를 생성하여 각각 지연 함수의 시간을 다르게 한 뒤, 배열에 담아 Promise.race 메서드 호출 시 인자로 하였습니다.

두 Promise의 열거 순서는 p1이 빠르지만, 이행 시간은 p2가 빨라 이행 결과는 p2만 전달되었음을 알 수 있습니다.

```js
let p1 = new Promise(function(resolve, reject){    ← 첫 번째 promise 생성
    setTimeout(function(){
        resolve('p1 fulfilled');
    }, 2000);    ← 2초뒤 이행 결정
});

let p2 = new Promise(function(resolve, reject){    ← 두 번째 promise 생성
    setTimeout(function(){
        resolve('p2 fulfilled');
    }, 1000);    ← 1초뒤 이행 결정
});

let iterable = [p1, p2];    ← p1, p2순으로 열거되는 이터러블 생성
Promise.race(iterable).then(function(value){    ← Promise.race 메서드를 호출하고, 인자 iterable을 전달
    console.log(value);    ← 결과는 'p2 fulfilled'
}, function(reason){    ← 모두 이행이므로 호출되지 않음
    console.log(reason);
});
```

단|원|핵|심|정|리

이번 장에서는 promise에 대해서 살펴봤습니다.

다음은 기존 방법과 비교하여 promise를 사용하였을 때 얻을 수 있는 장점에 대해서 정리한 표입니다.

	비동기 연산 또는 지연 함수 결과 활용	코드 가독성
promise 사용 시 장점	비동기 연산 또는 지연 함수 호출 뒤 얻어지는 결과를 executor 함수에서 전달받아 필요한 시점에 사용할 수 있어 타이밍 조절이 쉽습니다.	executor 함수에서 전달받은 결과를 이행 결정(fulfil) 또는 이행 거절(reject) 함수를 통해 전달되며, 체이닝 형태로 제공하므로 코드 가독성이 이전보다 좋아졌습니다.

문 | 제 | 풀 | 면 | 서 | 복 | 습 | 하 | 기

1 Ajax 비동기 연산의 이행 결과를 보고받는 Promise를 만들어 봅시다.

이번 예제에서는 미리 작성해둔 Ajax 비동기 연산의 Promise를 생성하여 이행 결과를 보고받고, 그 결과를 then 메서드 호출 시 전달받는 구문을 작성해보겠습니다. 예제에서는 AJAX를 사용하므로 서버 환경에서 실행하거나, localhost 등을 설정하여 실행해야 하는데 chapter 1~2 환경 설정을 참고하시면 됩니다.

먼저 작성된 코드를 살펴보면 XMLHttpRequest 객체를 생성하여 data.html 파일을 불러오고 있습니다. 파일 불러오기에 성공하였다면 데이터를 body 태그에 추가해 주고, 실패했다면 그 원인을 console에 출력하도록 합니다.

다음 예제에 Promise를 생성하여 비동기 연산의 결과를 보고 받고, 이행 결과를 전달하도록 코드를 추가해봅시다.

example/chapter3/3-4/ex01.html

```
1   let req = new XMLHttpRequest();
2   req.open('GET', 'data.html');
3   req.send();
4   req.onreadystatechange = function(){
5       if(req.readyState == req.DONE){
6           if(req.status == 200){
7               document.body.innerHTML = req.response;    ← Ajax 호출 성공시 body에 데이터 추가
8           } else {
9               console.log(req.statusText);    ← Ajax 호출 실패 원인 출력
10          }
11      }
12  }
```

다음과 같이 코드를 추가합니다.
Promise를 생성하고 executor 함수에서 Ajax 비동기 연산 처리를 합니다.
데이터 불러오기 성공 시 이행 결정을 하여, resolve 함수를 호출하고 이행 결과인 데이터를 전달합니다.
데이터 불러오기에 실패한다면 이행을 거절하는 reject 함수를 호출하고 거절 이유로 Ajax 실패 원인을 전달합니다.
Promise.then 메서드에서 이행 결과와 거절 이유를 전달받도록 추가해 줍니다.

```
1   let promise = new Promise(function(resolve, reject){   ← Promise 생성 후 executor 함수에서
2       let req = new XMLHttpRequest();                       Ajax 호출이 되도록 변경
3       req.open('GET', 'data.html');
4       req.send();
5       req.onreadystatechange = function(){
6           if(req.readyState == req.DONE){
7               if(req.status == 200){
8                   resolve(req.response);      ← Ajax 호출 성공 시 이행 결정, resolve 함수를 호출하
9               } else {                           여 이행 결과를 전달
10                  reject(req.statusText);     ← Ajax 호출 실패 시 이행 거절, reject 함수를 호출하
11              }                                  여 거절 이유를 전달
12          }
13      }
14  });
15
16  promise.then(function(value){      ← 이행 결과를 전달 받음
17      document.body.innerHTML = value;
18  }, function(reason){               ← 이행 거절 이유를 전달 받음
19      console.log(reason);
20  });
```

결과를 확인하기 위하여 작성된 코드를 브라우저에서 실행시키면, 다음과 같이 AJAX SUCCESS 텍스트가 출력되었습니다.

03-5 프록시

프록시(Proxy)는 객체에서 일어나는 일을 관찰합니다.
사용자가 객체의 속성을 조회하거나, 할당, 열거, 호출 등을 할 때 관찰 중이던 프록시가 먼저 이를 알고 객체의 진행을 결정합니다.
이렇듯 런타임에서 동작하기 이전에 동작하도록 하는 것을 '메타 프로그래밍'이라 하는데, 객체에서 일어나는 일의 로그를 남기거나 디버깅의 용도로 유용합니다.

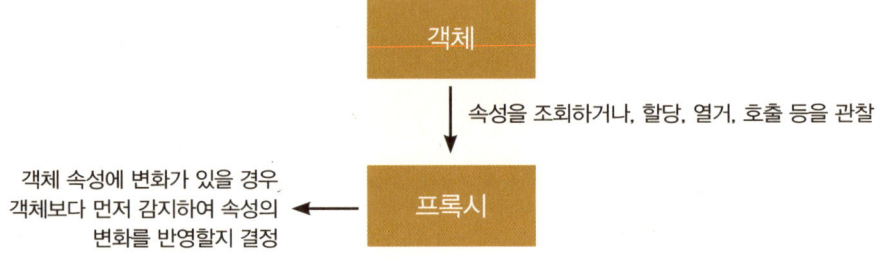

프록시의 생성법을 살펴보겠습니다.
프록시는 new 연산자 뒤에 Proxy 함수를 호출하여 선언합니다.

```
let proxy = new Proxy( target, handler );
```

target	프록시의 관찰 대상이 될 객체입니다.
handler	객체의 동작 가로챔을 실행하는 함수들을 트랩(trap)이라고 하며, handler는 trap을 속성으로 갖는 객체입니다.

다음 코드 예는 target 객체를 관찰하는 프록시를 생성하고, set trap을 handler의 속성으로 추가하여, target 객체의 속성이 추가 될 때, 동작을 가로 채도록 작성 하였습니다.

```
let target = {};
let handler = {
        set:function(target, key, value, receiver){    ← set trap(target 객체의 속성이 추가되면 호출)

            console.log(key, value);    ← 추가한 속성인 'name', 'my proxy'가 출력됨

            return Reflect.set(target, key, value, receiver);
        }
};

let proxy = new Proxy(target, handler);
proxy.name = 'my proxy';

console.log(target);    ← 결과는 { name: 'my proxy' }
```

위 예의 두 log 출력 중 trap 함수안의 log가 먼저 출력됩니다. 프록시의 set trap이 target 객체의 속성 추가를 기다리다 동작을 가로챈 뒤 속성이 추가 되도록 정의해 주었기 때문입니다. 여기서 주의 깊게 보아야 할 것은 *Reflect입니다.

> Reflect는 trap과 동일한 API를 정적 메서드로 갖으며, trap이 객체의 동작을 가로챈 뒤 Reflect에 의해 target 객체의 동작을 속행합니다.

3-5-1 trap

trap은 총 13가지가 존재하며, 각각의 역할이 주어집니다.
다음은 각 트랩의 역할을 정리한 표입니다.

getPrototypeOf	객체에 등록된 프로토타입 속성을 얻으려 할 때
setPrototypeOf	Object.setPrototypeOf 메서드 호출 시(객체에 새로운 프로토타입 속성을 설정)
isExtensible	Object.isExtensible 메서드 호출 시(객체에 새로운 속성이 추가 가능한지 여부 확인)
preventExtensions	Object.preventExtensions 메서드 호출 시(객체에 새로운 속성이 추가되지 못하도록 설정)
defineProperty	Object.defineProperty 메서드 호출 시(객체에 설명자가 있는 속성 추가)

getOwnPropertyDescriptor	Object.getOwnPropertyDescriptor 메서드 호출 시(객체 자신의 속성에 대한 설명자 조회)
has	객체에 in 연산자 수행 시(객체가 명시한 속성을 지니는지 확인)
get	객체의 속성값을 얻을 시
set	객체의 속성값 추가 시
deleteProperty	객체에 delete 연산자 수행 시(객체의 속성 삭제)
ownKeys	객체가 지닌 속성키 조회 시
apply	함수에 call 또는 apply 메서드 호출 시
construct	객체에 new 연산자 수행 시

- getPrototypeOf(target)

getPrototypeOf 트랩은 객체에 등록된 프로토타입 속성을 얻으려 할 때 이를 가로채 진행 여부를 결정합니다.

매개변수 target은 타깃 객체입니다.

반환값은 진행 여부에 따라 진행일 경우 프로토타입 객체를 진행하지 않을 경우 null값을 반환해 줍니다.

다음 코드 예를 살펴보겠습니다.

```javascript
function foo(){}
foo.prototype.a = 100;    ← 함수 foo에 프로토타입 속성 a 추가
foo.prototype.b = 200;    ← 함수 foo에 프로토타입 속성 b 추가

let obj = new foo();      ← new 연산자를 수행하여 프로토타입 속성을 참조한 객체를 생성

let proxy = new Proxy(obj, {   ← Proxy 객체를 생성하고 타겟 객체를 참조합니다.
    getPrototypeOf:function(target){   ← 트랩 설정
        console.log('트랩 호출');
        return Reflect.getPrototypeOf(target);   ← 타겟의 프로토타입 속성을 반환
    }
});

let proto = proxy.__proto__;   ← 객체의 프로토타입 속성을 얻기
console.log(proto);   ← 결과는 객체의 프로토타입 {a:100, b:200}
```

위 예의 결과는 아래와 같습니다.

```
트랩 호출
{a:100, b:200}
```

객체로부터 프로토타입 속성을 얻으려 할 때 트랩이 이를 가로채어 '트랩 호출' 로그를 출력하고, Reflect.getPrototypeOf 메서드를 호출하여 타깃 객체의 프로토타입 속성을 반환해 진행 결정을 내립니다. 그 뒤 전달된 프로토타입 속성이 출력됩니다.

- setPrototypeOf(target, prototype)

setPrototypeOf 트랩은 객체에 프로토타입 속성을 설정해주는 Object.setPrototypeOf 메서드 동작을 가로채 진행 여부를 결정합니다.

매개변수 target은 타깃 객체이며, prototype은 설정할 프로토타입 객체입니다.

반환값은 타깃 객체 프로토타입 설정 여부에 따라 true 또는 false가 됩니다.

다음 코드 예를 살펴보겠습니다.

```
let obj = {};
let proxy = new Proxy(obj, {
        setPrototypeOf:function(target, proto){      ← 트랩 설정
            let bool = Reflect.setPrototypeOf(target, proto);   ← 전달된 프로토타입 객체를
                                                                  타깃 객체에 설정
                        console.log(bool);    ← 결과는 true (프로토타입 속성이 설정됨)
            return bool;       ← 설정 여부를 반환
        }
});

let p = Object.setPrototypeOf(proxy, {a:100, b:200});   ← 객체 프로토타입에 속성을 설정
console.log(p.__proto__);   ← 반환된 설정 여부가 true이므로 결과는 {a:100, b:200}
```

- isExtensible(target)

isExtensible 트랩은 객체에 새로운 속성을 추가 가능 여부를 확인하는 Object.isExtensible 메서드 동작을 가로채 진행 여부를 결정합니다.

매개변수 target은 타깃 객체입니다.

반환값은 타깃 객체에 새로운 속성 추가 가능 여부에 따라 true 또는 false가 됩니다.
다음 코드 예를 살펴보겠습니다.

```js
let obj = {};
let proxy = new Proxy(obj, {
        isExtensible:function(target){      ← 트랩 설정
            return Reflect.isExtensible(target);    ← 객체에 새로운 속성 추가 가능 여부 반환
        }
});

let bool = Object.isExtensible(proxy);   ← 객체에 새로운 속성 추가 가능 여부 확인
console.log(bool);    ← 트랩에서 반환된 결과는 true
```

- preventExtensions(target)

preventExtensions 트랩은 객체에 새로운 속성이 추가되지 못하도록 정의를 내리는 Object.preventExtensions 메서드 동작을 가로채 진행 여부를 결정합니다.

매개변수 target은 타깃 객체입니다.

반환값은 새로운 속성이 추가되지 못하도록 정의된 객체입니다.

다음 코드 예를 살펴보겠습니다.

```js
let obj = {};
let proxy = new Proxy(obj, {
        preventExtensions:function(target){    ← Object.preventExtensions 동작을 가로챌 트랩
            return Reflect.preventExtensions(target);
        }
});

Object.preventExtensions(proxy);   ← 객체에 새로운 속성이 추가되지 못하도록 설정

let bool = Object.isExtensible(proxy);   ← 객체에 새로운 속성이 추가 가능 여부 확인
console.log(bool);   ← 결과는 false
```

- defineProperty(target, prop, descriptor)

defineProperty 트랩은 설명자(descriptor)가 있는 속성을 추가하는 Object.defineProperty 메서드 동작을 가로채 진행 여부를 결정합니다.

매개변수 target은 타깃 객체이고, prop는 속성명, descriptor는 객체 설명자입니다.
반환값은 성공적으로 속성이 추가되었는지 여부입니다.

```javascript
let obj = {};
let proxy = new Proxy(obj, {
    defineProperty:function(target, prop, descriptor){   ← 트랩 설정
        Reflect.defineProperty(target, prop, descriptor);   ← 속성 추가를 진행
        return true;   ← 속성 추가 여부를 반환
    }
});

Object.defineProperty(proxy, 'key', {   ← 객체에 설명자(descriptor)가 있는 속성 추가
    enumerable: false,
    configurable: false,
    writable: false,
    value: 'static'
});

console.log(proxy);   ← 속성 추가 여부에 따라 속성이 추가됨, 결과는 {key:'static'}
```

- getOwnPropertyDescriptor(target, prop)

getOwnPropertyDescriptor 트랩은 객체 속성의 설명자(descriptor)를 읽는 Object.getOwnPropertyDescriptor 메서드 동작을 가로채 진행 여부를 결정합니다.

매개변수 target은 타깃 객체이고, prop는 속성명입니다. 반환값은 설명자(descriptor) 또는 undefined입니다.

다음 코드 예를 살펴보겠습니다.

```javascript
let obj = {};
Object.defineProperty(obj, 'key', {configurable: true,   ← 객체에 설명자가 있는 속성 추가
                                    enumerable: true,
                                    value: 10});
let proxy = new Proxy(obj, {
    getOwnPropertyDescriptor:function(target, prop){   ← 트랩 설정
        return Reflect.getOwnPropertyDescriptor(target, prop);   ← 속성 설명자 반환
    }
});
let descriptor = Object.getOwnPropertyDescriptor(proxy, 'key');   ← 객체에 설명자가 있는 속성 얻기
console.log(descriptor);   ← 결과는 트랩에서 전달받은 객체에 추가된 속성 설명자
                            {configurable: true, enumerable: true, value: 10}
```

- has(target, prop)

has 트랩은 in 연산자 동작을 가로채 진행 여부를 결정합니다.

매개변수 target은 타깃 객체이고, prop는 속성명입니다.

반환값은 진행 여부에 따라 true 또는 false입니다.

다음 코드 예를 살펴보겠습니다.

```js
let obj = {a:100, b:200};
let proxy = new Proxy(obj, {
        has:function(target, prop){      ← 트랩 설정
            let result = Reflect.has(target, prop);
            return result;      ← 속성 존재 여부 결과를 반환
        }
});

let bool = 'a' in proxy;      ← in 연산자로 객체에 속성 존재 여부 확인
console.log(bool);      ← 결과는 true, 트랩으로부터 전달받음
```

- get(target, prop, receiver)

get 트랩은 객체에 속성값을 얻으려할 때 동작을 가로채 진행 여부를 결정합니다.

매개변수 target은 타깃 객체이고, prop는 속성명, receiver는 프록시 또는 프록시를 상속받은 객체입니다.

반환값은 모든 값이 될 수 있습니다.

다음 코드 예를 살펴보겠습니다.

```js
let obj = {a:100, b:200};
let proxy = new Proxy(obj, {
        has:function(target, prop){      ← 트랩 설정
            let result = Reflect.has(target, prop);
            return result;      ← 속성 존재 여부결과를 반환
        }
});

let bool = 'a' in proxy;      ← in 연산자로 객체에 속성 존재 여부 확인
console.log(bool);      ← 결과는 true, 트랩으로부터 전달받음
```

- set(target, prop, value, receiver)

set 트랩은 객체에 속성값을 설정하려할 때 동작을 가로채 진행 여부를 결정합니다.

매개변수 target은 타깃 객체이고, prop는 속성명, value는 속성값, receiver는 프록시 또는 프록시를 상속받은 객체입니다.

반환값은 객체 속성값 설정 성공 여부에 따라 true 또는 false입니다.

다음 코드 예를 살펴보겠습니다.

```
let obj = {};
let proxy = new Proxy(obj, {
        set:function(target, prop, value, receiver){    ← 트랩 설정
            target[prop] = value;    ← 객체 속성값을 설정
            return true;    ← 설정 결과를 반환
        }
});

proxy.a = 100;    ← 객체에 속성 추가시 트랩 호출
console.log(proxy.a);    ← 결과는 트랩에서 반환된 true
```

- deleteProperty(target, prop)

deleteProperty 트랩은 delete 연산자로 객체의 속성을 삭제하려고 할 때 동작을 가로채 진행 여부를 결정합니다.

매개변수 target은 타깃 객체이고, prop는 속성명입니다.

반환값은 속성 삭제 여부에 따라 true 또는 false가 됩니다.

다음 코드 예를 살펴보겠습니다.

```
let obj = {a:100};
let proxy = new Proxy(obj, {
        deleteProperty:function(target, prop){    ← 트랩 설정
            Reflect.deleteProperty(target, prop);    ← 객체 속성 삭제 진행
            return true;    ← 성공적 삭제 결과를 알려줌
        }
});

let val = delete proxy.a;    ← 객체 속성 삭제 시 트랩 호출
console.log(val);    ← 결과는 true
```

단 | 원 | 핵 | 심 | 정 | 리

이번 장에서는 프록시에 대해서 살펴봤습니다.

프록시는 객체의 속성을 관찰하다 변화가 있을 경우 객체보다 먼저 알아내는데 이것은 컴파일 수준에서 가능한 일이며, 다른 API와는 다른 새로운 개념의 메타 프로그램입니다.

프록시를 이용하여 객체 속성의 변화에 따른 로그를 남기는 등의 활용이 가능할 것입니다.

문 | 제 | 풀 | 면 | 서 | 복 | 습 | 하 | 기

1 읽기 전용 객체를 만들어 봅시다.

프록시를 사용하여 작성된 target 객체의 속성을 읽기 전용으로 만들어 봅시다.

단, 객체에 속성을 추가하는 방법은 obj.prop 또는 obj['prop']의 형태만 사용한다는 가정 하에 진행하도록 하겠습니다. 작성은 간단하게 target 객체를 타깃으로 하는 프록시를 생성하여 set 속성이 되지 않도록 해주면 됩니다. 다음 코드에 프록시를 추가해 주도록 하겠습니다.

example/chapter3/3-5/ex01.html

```
1   const target = {
2       author:'kim',
3       version:'1.0',
4       text:'read only property'
5   };
```

다음과 같이 작성해 줍니다.

target 객체를 인자로 하는 프록시를 생성하고, set 속성을 추가하여 오류 메시지를 출력합니다. 그럼 속성을 추가할 때마다 오류 메시지가 출력되고, 속성은 추가되지 않는 읽기 전용 속성이 됩니다.

```
1   const target = {
2       author:'kim',
3       version:'1.0',
4       text:'read only property'
5   };
6
7   const proxy = new Proxy(target, {    ← target 객체를 인자로 하는 Proxy 생성
8       set:function(){                   ← set이 되면 error가 출력되도록 작성
9           throw new Error('This is a read-only property.');
10      }
11  });
12
13  console.log(proxy.text);              ← text 속성을 조회
14  proxy.text = 'new text';              ← text 속성을 수정
```

이제 완성된 결과를 출력해 보도록 하겠습니다.

속성 조회는 가능하지만 속성을 변경하자 "This is a read-only property" 메시지가 출력되면서 오류가 발생하였습니다.

```
read only property
⊗ ▶Uncaught Error: This is a read-only property.
      at Object.set (ex01.html:14)
      at ex01.html:19
```

ECMAScript 6

이번 장에서는 배열의 원소 또는 객체의 속성을 쉽게 리터럴의 원소와 속성으로 추가해 줄 수 있는 펼침 연산자와 배열과 객체의 원소 또는 속성값을 쉽게 변수에 할당 할 수 있도록 해주는 디스트럭처링 구문에 대해서 살펴보겠습니다.

연산자

04-1 펼침 연산자
04-2 비구조할당

04-1
펼침 연산자

펼침 연산자(Spread Operator)는 배열의 원소 또는 객체의 속성 등을 펼쳐 할당해 줍니다. 펼침 연산자는 (...)으로 표기하며, 주로 배열 원소 전부를 한 번에 다른 리터럴 배열 원소에 포함시키거나, 객체 속성 전부를 한 번에 다른 리터럴 객체 속성에 포함시킬 수 있습니다.

펼침 연산자는 함수 인수에 활용하여 한꺼번에 인자를 전달받을 수 있어 편리함을 제공합니다.

• 배열의 원소 개별 할당

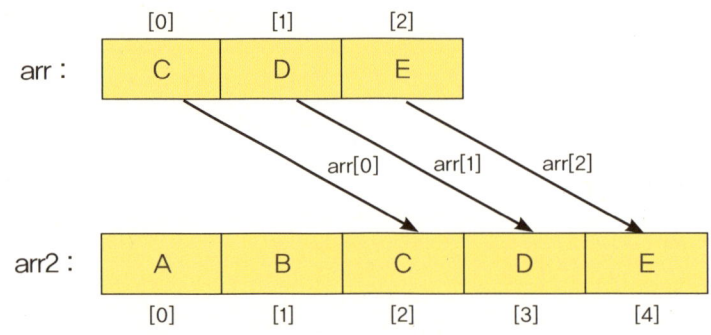

• 펼침 연산자를 활용하여 한 번에 할당

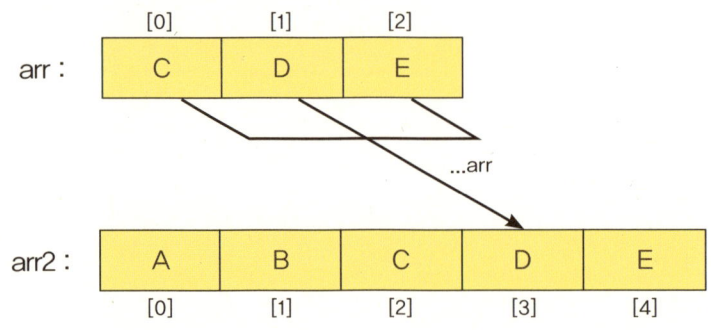

- **배열 원소 전부를 한 번에 다른 리터럴 배열 원소에 포함시켜 줍니다**

이전에는 배열 원소를 하나씩 읽어 개별적으로 리터럴 배열에 포함시켜 주어야 했습니다. 하지만 이 방법은 매우 번거롭습니다.

다음 코드의 예를 살펴보겠습니다.

```
let arr = [1,2,3];
let arr2 = [0, arr[0], arr[1], arr[2], 4];    ← arr 배열 원소를 index별로 읽어 배열 리터럴 원소로 추가
console.log(arr2);    ← 결과는 [0, 1, 2, 3, 4]
```

위와 같은 경우 펼침 연산자를 사용하면 한꺼번에 리터럴 배열에 원소를 추가시킬 수 있습니다.

다음 코드를 보면 위의 코드보다 작성도 편하고 가독성이 좋아졌습니다.

```
let arr = [1,2,3];
let arr2 = [0, ...arr, 4];    ← ... (펼침 연산자)로 arr 배열 원소를 한번에 펼쳐 리터럴 배열에 추가
console.log(arr2);    ← 결과는 [0, 1, 2, 3, 4]
```

- **배열 원소 전부를 한 번에 함수 인수에 전달합니다**

이전에는 함수 호출 시 인자로 배열 원소 전부를 전달하는 경우, 하나씩 읽어 할당해 주어야 했습니다. 하지만 이 방법 역시 매우 번거롭습니다.

다음 코드 예를 살펴보겠습니다.

```
let arr = [1,2,3];

function foo(p1, p2, p3){
    console.log(p1, p2, p3);    ← 결과는 1, 2, 3
}

foo(arr[0], arr[1], arr[2]);    ← 배열 원소를 index별로 읽어 함수 인수에 전달
```

위와 같은 경우 펼침 연산자를 사용하면 한꺼번에 함수 인수에 배열 원소를 각각 전달할 수 있습니다.

아래 그 코드를 보면 위의 코드보다 작성하기도 편리하고 가독성이 좋아졌습니다.

```
let arr = [1,2,3];

function foo(p1, p2, p3){
        console.log(p1, p2, p3);    ← 결과는 1, 2, 3
}

foo(...arr);    ← ... (펼침 연산자)로 arr 배열 원소를 한번에 펼쳐 foo 함수 인수에 전달
```

- **객체 속성 전부를 한 번에 다른 리터럴 객체 속성에 포함시켜줍니다**

이전에는 객체 속성을 하나씩 읽어 개별적으로 리터럴 객체에 포함시켜 주어야 했습니다. 이 방법은 매우 번거롭습니다. 다음 코드의 예를 살펴보겠습니다.

```
let obj = {p1:1, p2:2}
let obj2 = {p2:20, p3:30}    ← obj 객체 속성을 index별로 읽어 배열 리터럴 원소로 추가
obj2.p1 = obj.p1;
obj2.p2 = obj.p2;
console.log(obj2);    ← 결과는 {p1:1, p2:2, p3:30}
```

펼침 연산자를 사용하면 위의 경우 객체 속성을 개별적으로 읽어 추가하지 않고 한꺼번에 추가가 가능합니다.

속성을 추가하려는 리터럴 객체에 이미 존재하는 속성은 값만 할당하며, 없는 속성은 추가하여 값을 할당합니다.

다음 코드를 보면 위의 코드보다 작성도 편하고 가독성이 좋아졌습니다.

```
let obj = {p1:1, p2:2}
let obj2 = {p2:20, p3:30, ...obj}    ← ... (펼침 연산자)로 obj 객체 속성을 한 번에 펼쳐 리터럴 객체에
                                        추가
console.log(obj2);    ← 결과는 {p2:20, p3:30, p1:1}, p2 속성의 값이 펼침 연산자에 의해 덮어 씌워지고,
                        p1 속성이 추가됨
```

• **객체 속성 전부를 한 번에 함수 인수에 전달합니다**

이전에는 함수 호출 시 인자로 객체 속성 전부를 전달하는 경우 하나씩 읽어 할당해 주어야 했습니다. 하지만 이 방법은 매우 번거롭습니다.

다음 코드 예를 살펴보겠습니다.

```
let obj = {p1:1, p2:2};

function foo(p1, p2){
        console.log(p1, p2);     ← 결과는 1, 2, 3
}
```

위와 같은 경우 펼침 연산자를 사용하면 한꺼번에 함수 인수에 객체 속성값을 각각 전달할 수 있습니다.

다음 코드를 보면 위의 코드보다 작성도 편하고 가독성이 좋아졌습니다.

```
let obj = {p1:1, p2:2};

function foo(p1, p2){
        console.log(p1, p2);     ← 결과는 1, 2
}

foo(...obj);    ← ...(펼침 연산자)로 객체 속성을 한 번에 펼쳐 foo 함수 인수에 전달
```

단|원|핵|심|정|리

이번 장에서는 펼침 연산자에 대해서 알아봤습니다.

다음은 펼침 연산자를 사용했을 때와 사용하지 않았을 때의 차이점을 정리한 표입니다.

	배열의 원소를 리터럴 배열의 원소에 추가하거나 객체의 속성을 리터럴 객체의 속성으로 추가 시	함수 인수에 배열 원소 또는 객체 속성값을 전달 시
기존 방법	배열 원소 또는 객체 속성을 읽어 개별적으로 추가시켜야 되는 번거로움이 있습니다.	배열 원소 또는 객체 속성을 읽어 개별적으로 인수에 전달해야 되는 번거로움이 있습니다.
펼침 연산자 사용	배열 원소 또는 객체 속성을 개별이 아닌 한꺼번에 추가합니다.	배열 원소 또는 객체 속성을 개별이 아닌 한꺼번에 인수에 전달합니다.

문제풀면서복습하기

1 배열과 같은 형태의 함수 arguments 객체 또한 펼침 연산자를 활용할 수 있습니다.
변수 arr 배열을 전달하여 함수 안의 리터럴 배열을 0~6을 원소로 갖도록 완성해 봅시다.
단, 매개변수를 생성하지 않고, arguments 객체를 활용합니다.
먼저 작성된 코드를 살펴보겠습니다.

```
example/chapter4/4-1/ex01.html
1  let arr = [2,3,4];
2
3  function myFunction(){    ← 여기에 전달된 인자를 포함한 0~6까지 원소를 갖는 배열 리터럴을 생성
4  }
5
6  myFunction(...arr);    ← 배열 원소를 myFunction 함수 인수에 전달
```

전달된 인자는 2,3,4이므로 myFunction 함수안에서 [0, 1, ...arr, 5, 6]의 형태로 리터럴 배열이 생성되면 됩니다. 이때 ...arr은 매개변수가 아닌 arguments 객체를 활용하도록 합니다.
다음과 같이 코드를 추가합니다.

```
1  let arr = [2,3,4];
2
3  function myFunction(){
4      let arr = [0, 1, ...arguments, 5,6];    ← 함수 호출 시 인자는 arguments 객체에 배열 원소와
                                                  같이 정의됨. ...(펼침 연산자)로 원소를 펼쳐 리터
                                                  럴 배열원소에 포함
5      console.log(arr);    ← 결과는 0, 1, 2, 3, 4, 5, 6
6  }
7
8  myFunction(...arr);
```

결과를 확인하기 위하여 작성된 코드를 브라우저에서 실행시키고 개발자도구의 Console을 보면 다음과 같이 0, 1, 2, 3, 4, 5, 6 원하는 결과값이 출력되었습니다.

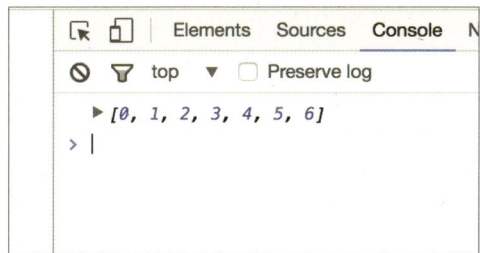

04-2 비구조할당

비구조할당(Destructuring)은 디스트럭쳐링 구문은 배열 또는 객체에서 변수를 추출해 내는 표현식입니다. 이는 배열 원소값 또는 객체 속성값을 배열 리터럴 또는 객체 리터럴 형태의 표현식으로 간편하게 변수를 선언해 줍니다. 특히, 이 구문은 함수의 전달 인자가 객체 또는 배열일 경우 인수를 바로 원소와 속성으로 지정할 수 있어 편리합니다.

- 변수에 개별 값 할당

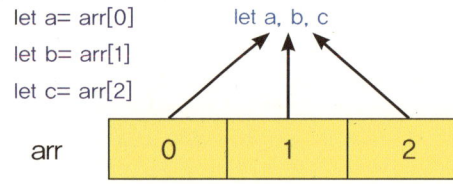

- 변수에 개별 값 할당

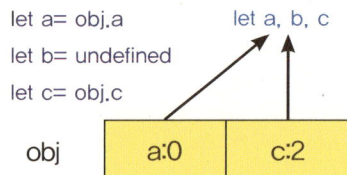

- 배열 디스트럭쳐링 구문 사용

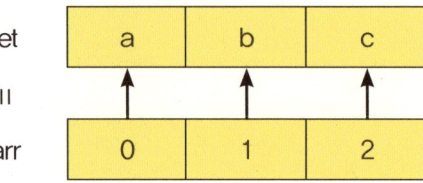

- 객체 디스트럭쳐링 구문 사용

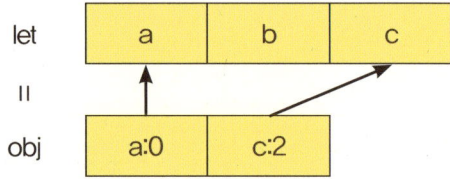

4-2-1 배열 디스트럭쳐링

기존에는 배열 원소값을 모두 변수의 값으로 지정하려면 일일이 변수 선언 후 값을 할당해 주어야 했습니다.

다음 코드 예를 살펴보겠습니다.

```
let arr = [1, 2, 3];
let a = arr[0];
let b = arr[1];
let c = arr[2];
console.log(a, b, c);    ← 결과는 1, 2, 3
```

배열 원소를 index로 접근하여 하나씩 할당해 주었습니다.

배열 디스트럭쳐링 구문은 위와 같이 배열 원소를 변수에 할당 시 배열 리터럴 형태의 표현식으로 구문을 간단하게 줄여 줍니다.

다음 코드 예를 살펴보겠습니다.

```
let [a, b, c] = [1, 2, 3];    ← 배열 디스트럭쳐링 구문으로 변수 a, b, c를 선언하고 순서대로 값(1, 2, 3)
                                을 할당
console.log(a, b, c);    ← 결과는 1, 2, 3
```

• 일부 배열 원소는 생략할 수 있습니다

배열 디스트럭쳐링 구문에서 필요 없는 배열 원소 할당은 생략이 가능합니다.

다음 코드 예를 살펴보겠습니다.

```
let [a, , b] = [1, 2, 3];    ← 배열 index1의 원소값은 생략
console.log(a, b);    ← 결과는 1, 3
```

• 배열 디스트럭쳐링 구문에 기본값 할당

매개변수 기본값처럼 배열 디스트럭쳐링 구문의 표현식에 기본값 설정이 가능합니다.

이는 할당될 배열 원소가 없거나, undefined일 경우에 설정된 기본값을 배열 디스트럭쳐링 변수값이 됩니다.

다음 코드 예를 살펴보겠습니다.

```
let [a=100, b=200, c=300] = [undefined, , 1000];   ← 배열 디스트럭쳐링 구문에 배열원소 undefined,
                                                      빈값, 1000을 할당
console.log(a, b, c);   ← 결과는 100, 200, 1000
                         배열 디스트럭쳐링 구문에 의해 선언된 변수a에 undefined가 할당되었으므로
                         변수 a의 값은 기본값인 100,
                         변수 b의 값은 생략되었으므로 기본값인 200,
                         변수 c는 1000이 할당됨
```

- **배열 디스트럭쳐링 구문에 나머지 패턴(rest pattern) 적용**

배열 디스트럭쳐링 구문에 의해 선언되는 변수에도 *나머지 매개변수와 같은 나머지 패턴 적용이 가능합니다.

> 나머지 매개변수란 함수 전달 인자 중 할당된 원소 외의 나머지 원소를 모두 배열의 형태로 참조하는 매개변수를 뜻합니다. 자세한 내용은 'Chapter 5. 함수'를 참조합니다.

나머지 패턴 적용 변수의 앞서 할당된 배열 원소 외의 나머지 배열 원소를 모두 배열의 형태로 참조합니다.

다음 코드 예를 살펴보겠습니다.

```
let [a, b, ...c] = [1, 2, 3, 4, 5, 6];   ← 디스트럭쳐링 구문의 변수 c에 나머지 패턴 적용
console.log(a, b, c);   ← 결과는 1, 2, [3, 4, 5, 6]
                         변수 a값은 1
                         변수 b값은 2
                         변수 c값은 [3, 4, 5, 6] (나머지 원소)
```

4-2-2 객체 디스트럭쳐링

기존에는 객체 속성을 변수의 값으로 사용하려면 일일이 변수 선언 후 값을 할당해 주어야 했습니다.

다음 코드 예를 살펴보겠습니다.

```
let obj = {a:100, b:200, c:300};
let a = obj.a;
let b = obj.b;
let c = obj.c;
console.log(a, b, c);   ← 결과는 100, 200, 300
```

객체 속성을 속성명으로 접근하여 하나씩 변수에 할당해 주었습니다.

객체 디스트럭쳐링 구문은 위와 같이 객체 속성값을 변수에 할당 시 객체 리터럴 형태의 표현식으로 구문을 간단하게 줄여 줍니다.

다음 코드 예를 살펴보겠습니다.

```
let {a, b, c} = {a:100, b:200, c:300};   ← 객체 디스트럭쳐링 구문으로 변수 a, b, c를 선언하고 순서대
                                            로 값(100, 200, 300)을 할당
console.log(a, b, c);   ← 결과는 100, 200, 300
```

- **객체 디스트럭쳐링 변수와 같은 이름의 객체 속성이 없으면 undefined가 할당됩니다**

객체 디스트럭쳐링 변수가 선언되면 기본 값은 undefined이며, 객체 리터럴에서 같은 이름의 속성을 찾아 값을 전달 받습니다.

다음 코드 예를 살펴보겠습니다.

```
let {a, b, c} = {a:100, c:300};   ← 객체 디스트럭쳐링 변수 a와 c에만 값을 할당
console.log(a, b, c);   ← 결과는 100, undefined, 300
                           (b는 객체 리터럴에서 할당된 값이 없으므로 undefined)
```

• **객체 디스트럭쳐링 구문에 기본값 설정이 가능합니다**

매개변수 기본값처럼 배열 디스트럭쳐링 구문의 표현식에 기본값 설정이 가능합니다. 이는 같은 이름의 객체 리터럴 속성이 없거나, 값이 undefined일 경우에 설정된 기본값이 객체 디스트럭쳐링 변수값이 됩니다.

다음 코드 예를 살펴보겠습니다.

```
let {a=1, b=2, c=3} = {a:100, c:undefined};    ← 객체 디스트럭쳐링 변수 a, b, c에 각각 기본값을 할당
                                                  하고, 객체 리터럴 속성 a, c의 값을 전달
console.log(a, b, c);   ← 결과는 100, 2, 3  (변수 a는 객체 리터럴의 값이 할당,
                           변수 b는 전달된 값이 없으므로, 기본값 2,
                           변수 c는 undefined가 전달되었으므로 기본값
```

• **함수 매개변수로 디스트럭쳐링 구문을 활용하고 기본값 할당**

함수 매개변수로 디스트럭쳐링 구문의 활용이 가능하며, 기본값으로 리터럴 객체 속성값과 리터럴 배열 원소의 값을 할당해 줄 수 있습니다.

다음 코드 예는 함수의 매개변수로 배열 디스트럭쳐링 구문과 객체 디스트럭쳐링 구문을 활용하고 각각 리터럴 배열과 리터럴 객체를 기본값으로 하였습니다.

```
function foo([a, b, c=300] = [100, 200], {d=400, e} = {d:undefined, e:500}){
    console.log(a, b, c, d, e);    ← 결과는  100, 200, 300, 400, 500
}
foo();
```

단|원|핵|심|정|리

이번 장에서는 디스트럭쳐링에 대해서 알아봤습니다.

다음은 디스트럭쳐링을 사용했을 때와 사용하지 않았을 때의 차이점을 정리한 표입니다.

	기존 방법	디스트럭쳐링 사용
여러 변수에 배열의 원소값을 할당하거나, 객체의 속성값을 할당할 때 사용합니다.	변수 선언을 여러 번 하여 배열의 원소 또는 객체의 속성값을 개별적으로 할당해 주어야되는 번거로움이 있습니다.	변수 선언을 여러 번 하지 않고, 배열의 index 또는 객체의 속성명으로 한꺼번에 값을 할당할 수 있습니다.

문 | 제 | 풀 | 면 | 서 | 복 | 습 | 하 | 기

1 함수 매개변수로 배열 디스트럭쳐링 구문을 사용해 봅시다.

이번 예제에서는 미리 작성해둔 함수에 매개변수로 배열 디스트럭쳐링 구문을 사용하여 전달 인자를 할당받아 원하는 결과가 출력되도록 하겠습니다.

먼저 미리 작성해둔 코드를 살펴보겠습니다.

선언된 함수를 호출하면서 인자값으로 리터럴 배열을 참조하였습니다.

```
example/chapter4/4-2/ex01.html
1   function destParam(){
2
3   }
4
5   destParam( [100, 200] );    ← 전달 인자로 리터럴 배열을 참조
```

전달 인자 리터럴 배열을 인수로 배열 디스트럭쳐링 구문을 사용하여 변수 a, b, c를 선언하고, 함수안에서 값을 출력해 봅시다. 이때 값은 100, 200, 300이 출력 되도록 합니다.

다음과 같이 코드를 추가해 줍니다.

배열 디스트럭쳐링 변수 a, b, c의 값이 100, 200, 300이 출력되어야 하는데 전달 인자의 값이 배열 [100, 200]이므로, a와 b는 전달 인자를 그대로 할당받고 c는 a+b의 값이 300 이므로 a+b 합계를 할당해 주었습니다.

```
1   function destParam([a, b, c=a+b]){
2       console.log(a, b, c);    ← 변수 a, b, c결과 출력
3   }
4
5   destParam([100, 200]);
```

결과를 확인하기 위하여 작성된 코드를 브라우저에서 실행시키고 개발자 도구의 Console을 보면 다음과 같이 100, 200, 300값이 출력 됩니다.

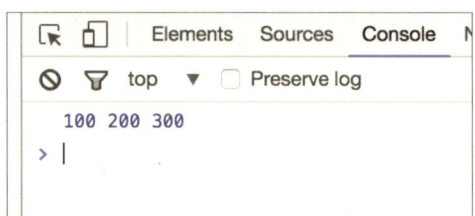

2 함수 매개변수로 객체 디스트럭쳐링 구문을 사용해 봅시다.

이번 예제에서는 미리 작성해둔 함수에 매개변수로 객체 디스트럭쳐링 구문을 사용하여 전달 인자를 할당받아 원하는 결과가 출력되도록 하겠습니다.

먼저 미리 작성해둔 코드를 살펴보겠습니다.

선언된 함수를 호출하면서 인자값으로 리터럴 객체를 참조하였습니다.

```
example/chapter4/4-2/ex02.html
1    function destParam(){
2
3    }
4
5    destParam({a:100, b:200});    ← 전달 인자로 리터럴 객체를 참조
```

전달 인자 리터럴 객체를 인수로 객체 디스트럭쳐링 구문을 사용하여 변수 a, b, c를 선언하고, 함수안에서 값을 출력해 봅시다. 이때 값은 100, 200, 300이 출력 되도록 합니다.

다음과 같이 코드를 추가해 줍니다.

객체 디스트럭쳐링 변수 a, b, c의 값이 100, 200, 300이 출력되어야 하는데 전달 인자의 값이 객체 {a:100, b:200} 이므로, a와 b는 전달 인자를 그대로 할당받고 c는 a+b의 값이 300 이므로 a+b 합계를 할당해 주었습니다.

```
1    function destParam({a, b, c=a+b}){
2        console.log(a,b,c);    ← 변수 a, b, c결과 출력
3    }
4
5    destParam({a:100, b:200});
```

결과를 확인하기 위하여 작성된 코드를 브라우저에서 실행시키고 개발자 도구의 Console을 보면 다음과 같이 100, 200, 300값이 출력됩니다.

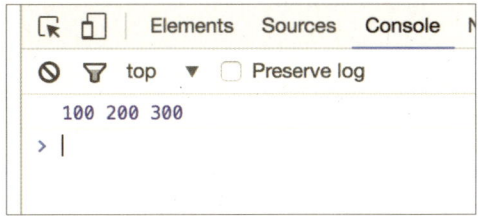

ECMAScript 6

이번 장에서는 함수의 매개 변수에 기본값을 부여하는 기본 매개변수와 여러 인수를 배열에 할당받는 나머지 매개변수에 대해서 살펴보고, 새로운 함수 표기법인 화살표 함수는 일반 함수와 환경 함수에서의 처리가 어떻게 다른지 살펴보도록 하겠습니다.

함수

05-1 나머지 매개변수와 기본 매개변수
05-2 화살표 함수

05-1
나머지 매개변수와 기본 매개변수

5-1-1 나머지 매개변수(Rest Parameter)

자바스크립트는 함수 인자와 인수의 수가 동일하지 않아도 오류가 발생하지 않습니다. 인자는 선언된 매개변수에 순차적으로 할당되며 나머지는 할당되지 않습니다. 또한 함수 호출 시 함수 내부에는 arguments 객체가 생성되며 배열과 유사한 형태로 전달 인자를 원소로 저장합니다.

이런 함수 매커니즘은 동작에는 문제가 없으나, 가독성은 좋지 못합니다.

가변 인자를 사용하는 경우, 매개변수를 명확하게 설정하지 못하므로, arguments 객체를 이용해야 하는데 이것은 함수 내부 코드를 읽고 분석해야만 전달 인자의 파악이 가능합니다.

다음 예는 함수 호출 시 전달 인자 중 두 번째 인자가 있을 경우 첫 번째 인자와의 합계를 반환하고, 없는 경우 첫 번째 인자만 반환하도록 작성하였습니다.

```javascript
function myFunction(p1){
    if(arguments[1]){    ← 두 번째 전달 인자가 있는경우
        return p1 + arguments[1];
    } else {
        return p1;
    }
}
myFunction(100, 200);
```

위 코드의 함수 매개변수만 가지고는 전달 인자의 개수를 알 수 없고, p1 매개변수를 제외하고 arguments 객체 index 1에서 인자 값을 얻기 때문에 코드가 부자연스럽습니다. 나머지 매개변수를 이용하면 같은 상황에서 가독성을 높일 수 있는데, 가장 마지막 매개변수에 '...'을 붙여 작성하고, 읽을 때는 '...'을 빼고 읽습니다.

함수 호출 시 전달 인자가 앞의 매개변수에 순차적으로 전달되고, 나머지 인자가 모두 나머지 매개변수에 할당됩니다. 이때 타입은 배열이 되고, 인자들은 순차적으로 배열의 원소가 됩니다.

```
functionName(...rest){

    rest  | v1 | v2 |
          [0]  [1]
    {
           ↑
    functionName(v1, v2)
```

다음은 나머지 매개변수를 활용하여 위의 코드와 동일하게 동작하는 함수를 작성하였습니다.

```
function myFunction(p1, ...args){    ← ...args 나머지 매개변수 추가
    if(args[0]){                      ← 나머지 매개변수가 있을 경우
        return p1 + args[0];
    } else {
        return p1;
    }
}

myFunction(100, 200);
```

위의 예와는 다르게 매개변수만으로 전달 인자의 예측이 가능해 졌습니다.
p1에 첫 번째 인자가 전달되고, ...args에 뒤에 나오는 인자가 배열로 저장됨을 단순히 등록된 매개변수만으로 예측이 가능해집니다.
나머지 매개변수는 배열 index 0부터 접근하기 때문에 코드가 보다 자연스럽습니다.

• 나머지 매개변수에 전달 인자가 없을 경우 값은 undefined가 아닙니다

전달 인자가 없을 경우에 undefined 할당이 아닌, 원소가 없는 배열이 참조 됩니다. 그렇기 때문에 전달 인자가 없는 경우 방어 코드를 작성해야하는 번거로움이 없습니다. 예를 들어 나머지 매개변수로 부터 length를 얻는 경우 값이 undefined라면 오류가 발생합니다.

```
function myFunction(...args){
        console.log(args.length);    ← undefined라면 타입 에러가 발생
}
```

하지만 나머지 매개변수는 전달 인자가 없더라도 빈 배열이기 때문에 length 속성은 0이 할당됩니다.
그렇기 때문에 다음 코드에서도 문제가 되지 않습니다.

```
function myFunction(...args){
        console.log(args.length);    ← 결과는 0;
}
myFunction();
```

5-1-2 기본 매개변수(Default Parameter)

기본 매개변수가 생기기 이전에는 매개변수에 기본값을 설정할 수 없어 전달 인자가 없을 경우 매개변수에는 undefined가 할당됩니다. 그렇기 때문에 undefined일 경우 초기값을 다시 설정해야하는 번거로움이 있습니다.
다음 예를 살펴보도록 하겠습니다.

```
function foo(p1){
        p1 = (typeof p1 != 'undefined') ? p1 : 0;    ← p1이 undefined일 경우 0을 할당
        console.log(p1);    ← 결과는 0
}
foo();    ← 전달 인자없이 함수 호출
```

이런 번거로운 예외처리를 대신해 기본 매개변수가 추가되었습니다.

기본 매개변수는 선언 시 기본값을 할당할 수 있어 전달 인자가 없을 경우 기본값으로 설정되고 전달 인자가 있는 경우 전달 인자가 할당 됩니다.

다음 코드는 위와 같은 동작을 하는 함수를 기본 매개변수를 선언하여 작성하였습니다.

```javascript
function foo(p1 = 0){
    console.log(p1);    ← 전달 인자가 없으므로 결과는 0
}
foo();    ← 전달 인자없이 함수 호출
```

기본 매개변수를 사용하니 코드 작성이 쉽고, 가독성 또한 매우 높아졌습니다.

• **먼저 선언된 매개변수의 값은 나중의 기본 매개변수에 이용 가능합니다**

기본 매개변수 선언 시 표현식에 먼저 선언된 매개변수의 값을 이용하여 할당이 가능합니다.

다음 코드 예는 먼저 선언된 매개변수와 기본 매개변수의 합을 나중의 기본 매개변수의 초기값으로 이용하고 있습니다.

```javascript
function foo(a, b=100, c=a+b){
    console.log(c);    ← 결과는 200, a(100) + b(100) = c(200)
}
foo(100);
```

• **전달 인자에 undefined 할당 시 기본 매개변수는 초기값이 됩니다**

처음 기본 매개변수에는 전달 인자를 할당하지 않고, 다음 매개변수에 값을 할당하고 싶다면 전달 인자로 undefined 할당을 하면 됩니다.

다음 코드의 예를 살펴보겠습니다.

```javascript
function foo(p1=100, p2){
    console.log(p1, p2);    ← 결과는 100, 200
                            기본 매개변수 p1에는 undefined가 할당되었으나, 초기값 100이 할당된다
}
foo(undefined, 200);
```

단|원|핵|심|정|리

이번 장에서는 함수의 나머지 매개변수와 기본 매개변수에 대해서 살펴봤습니다.
다음은 함수의 나머지 매개변수와 기본 매개변수를 사용했을 때의 장점을 정리한 표입니다.

	나머지 매개변수	기본 매개변수
장점	전달 인자의 수가 일정하지 않을 경우 arguments 객체를 사용하지 않아도 되며, 나머지 매개변수를 사용하여 배열 인수에 index 0부터 차례로 전달 받습니다.	기본 매개변수를 사용하지 않고, 전달 인자를 설정하지 않을 경우 초기값이 필요 하다면 별도로 예외처리를 해주어야 하는 번거로움이 있었는데, 기본 매개 변수를 사용하면 초기값 설정이 가능하고, 인수 선언 시 먼저 선언된 인수의 값을 활용할 수 있습니다.

문제풀면서복습하기

1 기본 매개변수의 초기값으로 message 함수의 반환값을 설정하여 함수 내부에서 값을 출력해 봅시다.

먼저 작성된 코드를 살펴보겠습니다.

메시지를 반환해 주는 message 함수와 기본 매개변수를 설정해줄 sendmessage 함수 선언 후 호출하고 있습니다.

example/chapter5/5-1/ex01.html
```
1  function message(){          ← 메세지 문자를 반환하는 함수
2      return '공부합시다! ECMASCRIPT 2016';
3  }
4
5  function sendMessage(){      ← 기본 매개변수를 선언하고 message 함수를 호출
6                               ← 내부에서 기본 매개변수의 값을 출력
7  }
8  sendMessage();
```

sendmessage 함수에 기본 매개변수를 선언하고 초기값으로 message 함수를 호출하여 반환된 값을 설정해 봅시다.

다음과 같이 코드를 추가시켜 줍니다.

```
1  function message(){
2      return '공부합시다! ECMASCRIPT 2016';
3  }
4
5  function sendMessage(msg=message()){   ← 기본 매개변수를 설정하고 초기값으로 message 함수의
6                                            반환값을 설정
6      console.log(msg);    ← 결과는 '공부합시다! ECMASCRIPT 2016'
7  }
8  sendMessage();
```

결과를 확인하기 위하여 작성된 코드를 브라우저에서 실행시키고 개발자도구의 Console을 보면 다음과 같이 "공부합시다! ECMASCRIPT 2016"이 출력 됩니다.

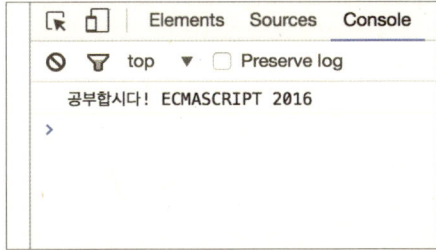

05-2
화살표 함수

화살표 함수(Array Function)는 함수표기를 화살표(=>)로 하여 구문을 짧게 줄여 줍니다. 이는 코드 작성량을 줄여주어 작성 시간을 단축시키는데 도움이 됩니다. 하지만 일반 함수와는 달리 함수 블록 안에 this, arguments, super, new, target 등의 키 값을 생성하지 않습니다.

먼저, 기존의 함수와 화살표 함수의 구문이 어떻게 다른지 살펴보겠습니다.
아래 두 예를 비교해 보면 기존 함수 구문의 function 표기가 화살표 함수 구문에서는 () 뒤에 =>표기로 변경되어 구문이 좀 더 짧아졌음을 볼 수 있습니다.

```
function foo(){
    ...
}
```
▲ 일반 함수

```
foo()=>{...}
```
▲ 화살표 함수

- 기존 함수 구문

```
var add = function(a, b){
    return a + b;
}
```

- 화살표 함수 구문

```
let add = (a, b) => {
    return a + b;
}
```

화살표 함수는 블록 구문을 생략하고 표현식을 사용할 수 있습니다

함수 실행 구문이 표현식 한 줄인 경우 블록 구문을 생략하고 한 줄로 구문을 마무리 지어 코드 작성량을 줄일 수 있습니다.

다음 코드 예를 보면 블록 구문을 사용하였을 때 보다 생략하였을 때 코드가 좀 더 간결해 졌음을 알 수 있습니다.

- 블록 구문 사용

```js
let add = (a, b) => {
    console.log(a + b);
}
```

- 블록 구문 생략

```js
let add = (a, b) => console.log(a + b);
```

화살표 함수에서 블록 구문 생략 시 return은 사용할 수 없고, 구문 오류가 발생하므로 주의해야 합니다.

다음 코드 예는 블록 구문 사용 시 return 호출이 가능하지만, 생략 시 구문 오류가 발생되는 것을 알 수 있습니다.

- 블록 구문 사용

```js
let add = (a, b) => { return a + b; }
```

- 블록 구문 생략

```js
let add = (a, b) => return a + b;    ← SyntaxError, return을 사용할 수 없음
```

화살표 함수는 단일 인자만 넘겨받는 경우 괄호를 생략해 줄 수 있습니다

화살표 함수는 단일 인자만 넘겨받는 경우 괄호를 생략해 줄 수 있어 코드 작성량을 줄여 줄 수 있습니다.

다음 코드 예는 단일 인자만 넘겨받는 함수의 괄호를 생략하였을 때 코드 작성량이 줄었음을 알 수 있습니다.

- 괄호 사용

```
let print = (message) => document.write(message);
```

- 괄호 생략

```
let print = message => document.write(message);
```

화살표 함수도 매개변수에 기본값과 디스트럭쳐링 구문을 사용할 수 있습니다

화살표 함수 매개변수에 기본값과 디스트럭쳐링 구문 사용의 예를 살펴보겠습니다.

```
let add = ({a=100, b=200})=>{
    console.log(a, b);    ← 매개변수 a의 값이 전달인자값으로 변경되어 a=200, b=200이 됨
    return a + b;
}
add({a:200});    ← 결과는 400
```

화살표 함수도 일반 함수처럼 메서드로 사용될 수 있습니다

다음 코드는 화살표 함수가 메서드로 사용되는 예입니다.

```
const calculation = {
    add:(a, b) => {          ← 화살표 함수를 메소드로 사용
        return a + b;
    }
}
let sum = calculation.add(100, 200);
console.log(sum);      ← 결과는 300
```

화살표 함수는 일반 함수와 달리 this를 생성하지 않습니다

화살표 함수는 일반 함수와는 달리 생성자 호출 또는 메서드 호출 시 환경함수에 의한 this를 생성하지 않습니다.

다음 코드는 화살표 함수와 일반 함수의 메서드 호출 시 this의 참조값을 비교하고 있습니다.

- 일반 함수

```
var obj = {
    foo:function(){
        console.log(this);     ← this의 참조값은 obj
    }
}

obj.foo();
```

- 화살표 함수

```
let obj = {
    foo:()=>{
        console.log(this);     ← this의 참조값은 초기값인 window 객체
    }
}
```

화살표 함수는 일반 함수와 달리 arguments를 생성하지 않습니다

화살표 함수는 일반 함수와는 달리 호출 시 환경함수에 의한 arguments를 생성하지 않습니다.

다음 코드는 화살표 함수와 일반 함수 호출 시 arguments의 참조값을 비교하고 있습니다.

- 일반 함수

```
var foo = function(a, b){
    console.log(arguments);    ← [100, 200], 인자값을 리스트로 하는 arguments 생성
}
foo(100, 200);
```

- 화살표 함수

```
let foo = (a, b)=>{
    console.log(arguments);    ← undefined, 선언되지 않았음
}
foo(100, 200);
```

화살표 함수는 new 연산자 호출이 불가능합니다

화살표 함수는 일반 함수처럼 앞에 new 연산자를 붙여 호출 시 생성자 호출이 되지 않습니다.

다음 코드는 화살표 함수에 new 연산자를 붙여 호출하는 예입니다.

```
let foo = ()=> {};
let f = new foo();    ← foo is not a constructor, foo는 생성자가 아니므로 에러 발생
```

화살표 함수는 prototype 속성이 존재하지 않습니다

일반 함수와는 달리 화살표 함수는 prototype 속성이 존재하지 않으므로, prototype chain을 사용할 수 없습니다.

다음 코드는 화살표 함수에 prototype 속성을 조회하는 예입니다.

```
let foo = () => {};
let p = foo.prototype;
console.log(p);     ← undefined, 선언되지 않음
```

단|원|핵|심|정|리

이번 장에서는 화살표 함수에 대해서 살펴봤습니다.
다음은 일반 함수와 화살표 함수의 차이점을 정리한 표입니다.

	일반 함수	화살표 함수
표기	function(){} function 키워드와 괄호, 블록 구문을 생략할 수 없습니다.	()=>{} 인수가 하나인 경우 괄호를 생략할 수 있고, 구문이 한 줄로 끝날 경우 블록 구문을 생략할 수 있습니다.
this 생성	함수가 객체의 속성에 참조되었거나, new 연산자 호출 시 this의 참조값은 객체가 됩니다.	this를 생성하지 않습니다.
arguments 생성	전달 인자를 리스트로 하는 arguments를 생성합니다.	arguments를 생성하지 않습니다.
new 연산자 호출	new 연산자 호출 시 인스턴스를 생성합니다.	new 연산자 호출이 불가능합니다.
prototype 속성	prototype 속성이 존재합니다.	prototype 속성이 존재하지 않습니다.

문|제|풀|면|서|복|습|하|기

1 일반 함수로 작성되어 있는 구문을 화살표 함수로 바꾸되 구문을 한 줄로 작성해 주세요.

다음 예제는 전달된 인자값을 document에 출력해 주도록 작성되어 있습니다.

코드를 살펴보면 상수 print에 참조된 익명 함수는 기존 함수로 작성되어 있습니다. 이를 화살표 함수로 수정하겠습니다.

example/chapter5/5-2/ex01.html

```
1    const print = function(message){      ← 작성된 함수를 화살표 함수로 변환
2        document.write(message);
3    }

4    print('메시지 출력');
```

다음과 같이 코드를 수정합니다.

함수를 화살표 함수로 수정해 주고, 인수가 하나이므로 괄호를 생략할 수 있습니다. 구문을 한 줄로 작성 시 대괄호 또한 생략이 가능합니다.

```
1    const print = message => document.write(message);    ← 화살표 함수로 수정
2
3    print('메시지 출력');
```

수정한 코드를 실행하여 결과를 확인해 보겠습니다.

다음과 같이 document에 "메시지 출력"이라는 글자가 출력되었습니다.

```
메시지 출력
```

ECMAScript 6

이번 장에서는 자바스크립트에서 발표한 정식 클래스가 이전과 비교하여 어떤 점들이 개선되었는지 살펴보고, 연습해 보겠습니다.
이전부터 코드를 재사용하기 위한 모듈 기법을 활용했습니다. 외부 라이브러리를 활용하는 등 명확하지 않았는데, 새롭게 모듈이 추가되면서 이를 해결해 주었습니다.

클래스와 모듈

06-1 클래스
06-2 모듈

06-1
클래스

자바스크립트에서도 정식 클래스(class) 문이 추가되었습니다. 이제 prototype을 사용하지 않고도 좀 더 간단하고 명료하게 상속을 사용할 수 있게 되었고, 정적(static) 함수 선언문이 추가되었습니다.

클래스는 미리 선언해 두었다가 클래스 선언문의 이름 앞에 new 키워드를 붙여 호출하여 인스턴스를 생성하여 사용하는 것이 기본이며, 이때 클래스 안의 this 키워드는 생성된 인스턴스를 참조합니다.

6-1-1 클래스 선언

클래스의 선언 방법은 class 키워드 뒤에 클래스명을 붙여 선언해 주고 블록 안쪽에 구문을 작성해 줍니다.
아래 클래스 선언의 예를 살펴보겠습니다.
Display 클래스를 선언하고 new 키워드를 붙여 Display 클래스를 호출하여 변수 display에 인스턴스를 참조하였습니다.

```
class Display {      ← Display 클래스 선언
}
const display = new Display();    ← 선언된 Display 클래스에 new 키워드를 붙여 호출하여 새 인스턴스 생성
```

6-1-2 생성자 함수

생성자 함수(constructor)는 클래스의 인스턴스 생성 시에 한번 호출되는 함수이며, 내부 구문에 의해서는 호출할 수 없습니다.

주로 초기 설정의 목적으로 사용되며 인스턴스 호출 시 전달한 인자값이 생성자 함수 매개변수에 전달됩니다.

생성자 함수는 클래스 블록 안에 선언해 주며 constructor 키워드를 사용하여 선언하되 function은 붙이지 않습니다.

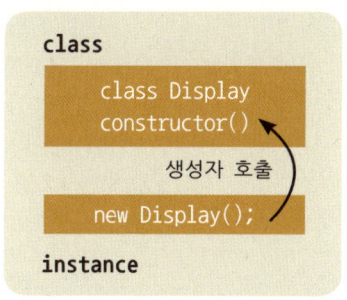

아래 생성자 함수 선언 예를 살펴보겠습니다.

Display 클래스를 선언하고, 생성자 함수(constructor)를 클래스 내부에 선언해 주었습니다.

선언된 클래스를 호출하면서 인자값을 전달해 주었고, 전달된 인자는 생성자 함수 매개변수에 전달되었음을 볼 수 있습니다.

```javascript
class Display {
    constructor(x, y){          ← 생성자 함수 선언
        // 전달인자의 값을 클래스 멤버 변수에 할당
        this.x = x;
        this.y = y;
        console.log(this.x, this.y);   ← 결과는 100, 200
    }
}
const display = new Display(100, 200);
```

6-1-3 프로토타입 메서드

프로토타입(prototype) 메서드는 인스턴스를 통해서 호출 가능한 함수입니다. ECMAScript 이전에는 함수의 prototype 속성에 함수를 추가하여 메서드를 구현하였습니다. 이 방식은 코드의 가독성이 떨어져 클래스 선언문에 바로 프로토타입 메서드를 선언할 수 있도록 개선되었습니다.

프로토타입 메서드의 선언 방법은 클래스 선언문 블록 내부에 함수를 선언하되, function은 붙이지 않습니다.

- 기존 프로토타입 메서드

```
var Display = function(){
}
Display.prototype.foo = function(){
}
```

- ES6 프로토타입 메서드

```
class Display{
    foo(){
    }
}
```

다음 코드 예를 살펴보겠습니다.
Display 클래스 선언문 안에 foo 메서드를 선언해 주고, Display 클래스의 인스턴스를 생성해 주었습니다. 생성된 인스턴스를 통해 foo 메서드를 호출할 수 있음을 볼 수 있습니다. 이때 this 키워드는 생성된 인스턴스를 참조합니다.

```
class Display {        ← Display 클래스 선언
    foo(){             ← foo 메서드 선언
        console.log(this);   ← this출력
    }
}

const display = new Display();   ← Display 클래스 인스턴스 생성
display.foo();   ← foo 메서드 호출, 출력된 this는 생성된 인스턴스를 참조
```

6-1-4 정적 메서드

정적(static) 메서드는 프로토타입 메서드와는 다르게 인스턴스를 통해서가 아닌 클래스 이름 뒤에 바로 메서드 호출을 하며 주로 유틸 함수를 정의할 때 사용됩니다.

static 메서드는 클래스 내부에 static 키워드를 앞에 붙여 메서드를 정의해 줍니다.

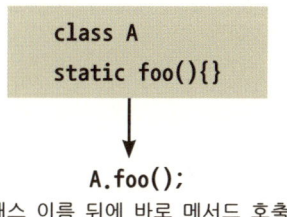

```
A.foo();
```
클래스 이름 뒤에 바로 메서드 호출

다음 코드 예를 살펴보겠습니다.

Display 클래스 선언문 안에 static foo 메서드를 선언해 주고, 인스턴스 생성없이 클래스명 뒤에 바로 static 메서드를 호출해 주고 있습니다. 이때 this 키워드의 값은 프로토타입 메서드와는 다르게 인스턴스를 참조하지 않고 undefined가 됩니다.

```
class Display {        ← Display 클래스 선언
    static foo(){      ← static foo 메서드 선언
        console.log(this);   ← this 출력
    }
}

Display.foo();   ← static foo 메서드 호출, 출력된 this는 undefined
```

6-1-5 상속

자바스크립트에서의 상속은 prototype chain 매커니즘을 활용해야 합니다. ECMAScript 이전에는 이를 직접 구현해 주어야 합니다. 부모 클래스의 인스턴스를 생성하여 자식 클래스의 prototype 속성에 참조합니다.

다음 코드 예를 살펴보겠습니다. Parent 함수의 인스턴스를 생성하고 Child 함수의 prototype 속성에 참조합니다. 그럼 Child 함수의 인스턴스를 통한 메서드 호출 시 Parent 함수의 프로토타입 메서드를 호출할 수 있으며, Parent와 동일이름의 prototype을 Child에 추가 시 우선 순위로 Child의 메서드가 호출됩니다. 이를 'prototype chain'이라고 합니다.

```javascript
var Parent = function(){}     ← Parent 함수 선언
Parent.prototype.foo = function(){   ← Parent 함수의 prorotype에 foo 함수 선언
    console.log('foo');
}

var Child = function(){}      ← Child 함수 선언
var parent = new Parent();    ← Parent 함수의 인스턴스 생성
Child.prototype = parent;     ← Child 함수의 prototype속성에 Parent 함수 인스턴스를 참조

var child = new Child();      ← Child 함수 인스턴스 생성
child.foo();                  ← Child 인스턴스에서 Parent 메서드 호출
```

위의 상속법은 ES6 이전의 방법입니다. 좀 더 완벽한 구현을 위해서는 코드가 추가되어야 하는데, 매우 복잡하고 가독성이 떨어집니다. ES6의 클래스는 extends 키워드를 사용하여 보다 쉽게 상속을 구현할 수 있습니다.

클래스 선언문에 extends 키워드를 붙이고, 뒤에 상속받을 클래스명을 작성합니다.

다음 코드 예를 살펴보겠습니다.

선언된 Display 클래스를 Rect 클래스 선언문 뒤에 extends 붙여 Display 클래스를 상속받고 있습니다.

코드가 매우 간결하고 가독성이 뛰어나졌습니다.

```
class Display {          ← Display 클래스 선언
    constructor(){
    }
}

class Rect extends Display {    ← Display 클래스를 상속받는 Rect 클래스 선언
    constructor(){

    }
}

const rect = new Rect();    ← rect 인스턴스 생성
```

그런데 인스턴스 생성 시 오류가 발생합니다. 원인은 자식 클래스 생성자 호출 시 super 함수를 호출하지 않아서입니다. 여기서 super란 부모 클래스의 생성자인데, 자식 클래스에서 생성자 호출 시 부모 클래스가 초기화 되도록 강제적으로 super를 호출하도록 하는 것입니다.

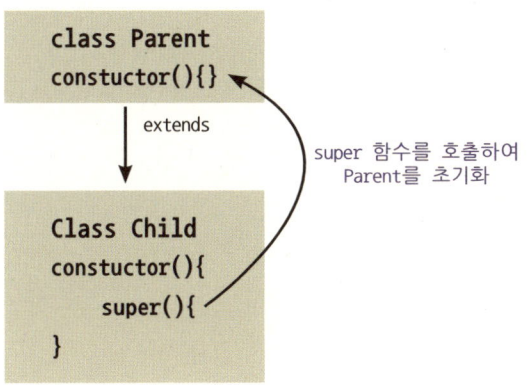

다음과 같이 코드를 수정해야 정상적으로 동작할 것입니다.

```js
class Display {
    constructor(x, y){
        this.x = x;
        this.y = y;
    }
}

class Rect extends Display {
    constructor(x, y, width, height){
        super(x, y);    ← 부모 클래스의 생성자함수 호출
        this.width = width;
        this.height = height;
    }
}
```

super 키워드를 통한 부모 클래스의 메서드 호출

자식 클래스의 메서드에서는 super 키워드를 통해서 부모 클래스의 메서드를 호출할 수 있도록 해줍니다. 곧 super 키워드는 부모 클래스의 인스턴스라고 볼 수 있는데 오로지 프로토타입 메서드만 호출이 가능합니다.

다음 코드 예를 살펴보겠습니다.

Display 클래스를 상속받은 Rect 클래스에서 logScale 프로토타입 메서드를 선언하고, super 키워드를 통해 부모 클래스의 logPosition 프로토타입 메서드를 호출하고 있습니다.

```
class Display {
    constructor(x, y){
        this.x = x;
        this.y = y;
    }

    logPosition(){
        console.log(this.x, this.y);
    }
}

class Rect extends Display {     ← Display 클래스를 상속
    constructor(x, y, width, height){
        super(x, y);             ← 부모 클래스의 생성자함수 호출
        this.width = width;
        this.height = height;
    }
    logScale(){
        console.log(this.width, this.height);
        super.logPosition();     ← super 키워드를 통해 부모 클래스의 logPosition 메서드 호출
    }
}
```

프로토타입 메서드 오버라이딩

메서드 오버라이딩이란 부모 클래스의 메서드를 재정의 하는 것입니다. 이것은 ECMAScript 이전에 사용되었던 프로토타입 체이닝을 대신해 줍니다.

상속받은 클래스의 메서드 호출 시 자식 클래스의 메서드 목록을 우선으로 찾아 호출해 주며, 없을 경우 부모 클래스의 메서드를 조회하여 호출해 줍니다.

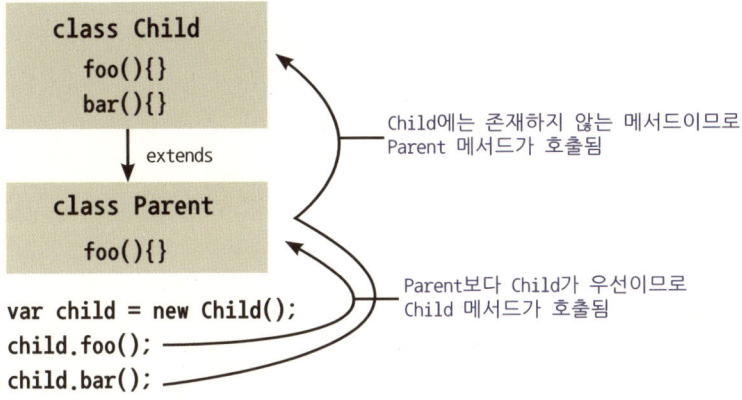

다음 코드 예를 살펴보겠습니다.

부모 클래스 logPosition 메서드를 자식 클래스에서 재정의하여 메서드 오버라이딩을 하였습니다. 자식 클래스의 인스턴스 생성 후 logPosition 메서드를 호출하면 부모 클래스의 메서드가 아닌 자식 클래스의 메서드가 호출되는 것을 볼 수 있고, super 키워드를 통해 부모 메서드의 호출이 가능한 것을 볼 수 있습니다.

```
class Display {
    constructor(x, y){
        this.x = x;
        this.y = y;
    }

    logPosition(){
        console.log(this.x, this.y);
    }
}

class Rect extends Display {          ← Display 클래스 상속
    constructor(x, y, width, height){
        super(x, y);

        this.width = width;
        this.height = height;
    }

    logPosition(){           ← 메서드 오버라이딩
        console.log('메서드 오버라이딩');

        super.logPosition();          ← 부모 클래스 logPosition 메서드 호출
    }
}

const rect = new Rect(10, 20, 100, 200);       ← Rect 클래스 인스턴스 생성
rect.logPosition();           ← logPosition 메서드 호출
                    결과는 자식클래스의 메서드가 호출 "메서드 오버라이딩" 출력
                    자식 클래스에서 부모 클래스 메서드 호출 10, 20 출력
```

단|원|핵|심|정|리

이번 장에서는 클래스에 대해서 살펴봤습니다.
다음은 기존 방식과 ES6의 클래스를 비교하여 정리한 표입니다.

	기존 방식	class
prototype 메서드	함수 prototype 속성에 추가하여 사용합니다. 매번 prototype 키워드를 작성해야 하는 번거로움이 있고, 어떤 위치에나 메서드 추가 코드를 작성할 수 있어, 그룹화가 되지 않아 가독성이 떨어집니다.	class 블록 안에 prototype 키워드를 생략하고 작성하며, 메서드가 class 블록 안에 작성되므로 그룹화되어 가독성이 좋아집니다.
상속	자식 클래스의 prototype 속성에 부모 클래스의 인스턴스를 추가하여 구현합니다. 추가로 부모 클래스의 초기화를 구현해 주어야 하고, 정해진 방식이 없어 구현방식이 모두 다르며, 코드의 가독성이 매우 떨어집니다.	클래스 선언문 뒤에 extends 키워드를 붙여 상속합니다. super 함수를 호출하여 부모 클래스를 간단하게 초기화 할 수 있고, 선언방식이 정해져 있어 코드의 가독성이 좋아졌습니다.

문 | 제 | 풀 | 면 | 서 | 복 | 습 | 하 | 기

1 다음 코드를 ES6의 클래스 상속으로 변경하여 봅시다.

먼저 다음 코드를 살펴보겠습니다.

Animal 클래스가 선언되어 있고, Animal 클래스에는 eat와 sound 프로토타입 메서드가 선언되어 있습니다. 그 아래에는 Animal 클래스를 상속받는 Dog 클래스와 Tiger 클래스가 선언되었고, 각각 메서드를 오버라이딩하고 있습니다.

example/chapter6/6-1/ex01.html

```
1   var Animal = function(){};
2   Animal.prototype.eat = function(){
3       console.log('먹기');
4   }
5   Animal.prototype.sound = function(){
6       console.log('소리내기');
7   }
8
9   var Dog = function(){};
10  Dog.prototype = new Animal();
11  Dog.prototype.sound = function(){
12      console.log('멍멍');
13  }
14  Dog.prototype.eat = function(){
15      console.log('사료');
16  }
17  Dog.prototype.guard = function(){
18      console.log('집지키기');
19  }
20
21  var Tiger = function(){};
22  Tiger.prototype = new Animal();
23  Tiger.prototype.sound = function(){
24      console.log('어흥');
25  }
26  Tiger.prototype.eat = function(){
27      console.log('닭고기');
28  }
29  Tiger.prototype.attack = function(){
30      console.log('공격');
31  }
32
33  var dog = new Dog();
34  dog.sound();
35
36  var tiger = new Tiger();
37  tiger.sound();
```

작성된 코드를 브라우저의 개발자도구 console에서 결과를 확인합니다.

Dog 클래스와 Tiger 클래스가 Animal 클래스의 메서드를 오버라이딩되어 호출되었음을 볼 수 있습니다.

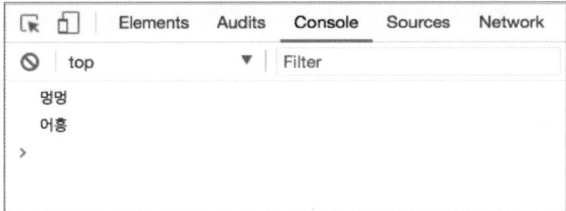

그럼 이제 위의 코드에서 인스턴스를 생성하는 호스트 코드를 유지한 채 클래스 선언 구문을 ES6의 class로 상속을 extends 키워드를 사용하여 변경하도록 하겠습니다.

다음과 같이 코드를 변경해 줍니다.

```
1   class Animal{
2       constructor(){
3
4       }
5       eat(){
6           console.log('먹기');
7       }
8       sound(){
9           console.log('소리');
10      }
11  }
12
13      sound(){
14  class Dog extends Animal{
15          console.log('멍멍');
16      }
17      eat(){
18          console.log('사료');
19      }
20      guard(){
21          console.log('집지키기');
22      }
23  }
24
25  class Tiger extends Animal{
26      constructor(){
27          super();
28      }
```

```
29        sound(){
30            console.log('어흥');
31        }
32        eat(){
33            console.log('닭고기');
34        }
35        attack(){
36            console.log('사냥');
37        }
38    }
39
40    var dog = new Dog();
41    dog.sound();
42
43    var tiger = new Tiger();
44    tiger.sound();
```

수정한 코드를 살펴보도록 하겠습니다.

선언된 함수를 class 선언문을 이용하여 보다 명확하게 class를 선언해 주고, prototype 메서드는 class 선언문 블록 안에 prototype 키워드를 생략하고 선언해 줍니다.

인스턴스를 prototype 속성에 추가하여 구현한 상속 구문은 extends 키워드를 사용하여 변경해 줍니다.

```
1    class Animal{       ← Animal 클래스를 class 선언문으로 변경해 줍니다.
2        constructor(){
3
4        }
5        eat(){          ← prototype 메서드를 class 선언문 안에 prototype 키워드를 생략하고 선언
6            console.log('먹기');
7        }
8        sound(){
9            console.log('소리');
10       }
11   }
12
13   class Dog extends Animal{    ← 인스턴스를 prototype 속성에 붙여 상속 구현하 던구문을 extends
                                     키워드를 사용하여 상속
14       constructor(){
15           super();     ← 부모 클래스 초기화 추가
16       }
17       sound(){         ← 부모 클래스의 메서드 오버라이딩
```

```
18          console.log('멍멍');
19      }
20      eat(){
21          console.log('사료');
22      }
23      guard(){        ← prototype 메서드 추가
24          console.log('집지키기');
25      }
26  }
27
28  class Tiger extends Animal{
29      constructor(){
30          super();
31      }
32      sound(){
33          console.log('어흥');
34      }
35      eat(){
36          console.log('닭고기');
37      }
38      attack(){
39          console.log('사냥');
40      }
41  }
```

변경된 예제를 브라우저의 개발자도구에서 확인해 보면 변경 전과 같은 결과를 볼 수 있습니다.

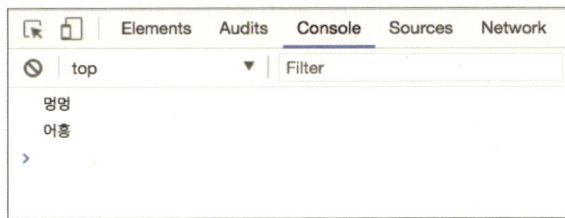

06-2
모듈

6-2-1 모듈에 맞는 브라우저 설치

ES6의 모듈(Module)은 2017년 12월 기준으로 보편적인 브라우저에서는 지원하지 않습니다.

현재까지 지원하는 브라우저는 다음 그림에 표시가 되어 있습니다.

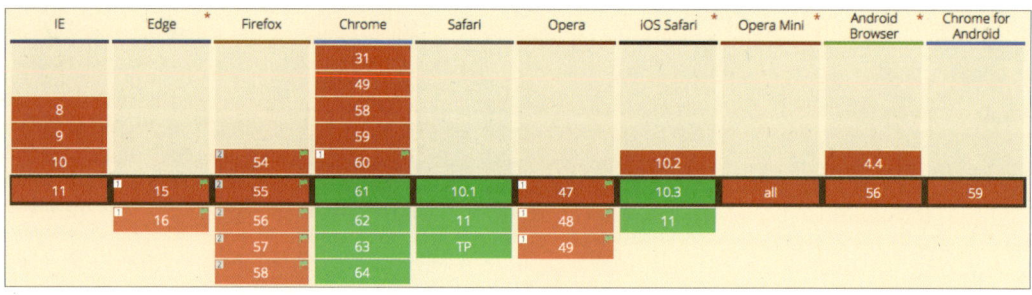

모듈을 공부하기 위해서 chrome브라우저 61+ 버전을 설치해 보도록 하겠습니다.

브라우저에 크롬 브라우저 베타 다운로드 주소(https://www.google.co.kr/chrome/browser/beta.html)를 입력한 후 [Chrome 베타 다운로드] 버튼을 클릭하여 크롬 베타 버전을 다운받습니다.

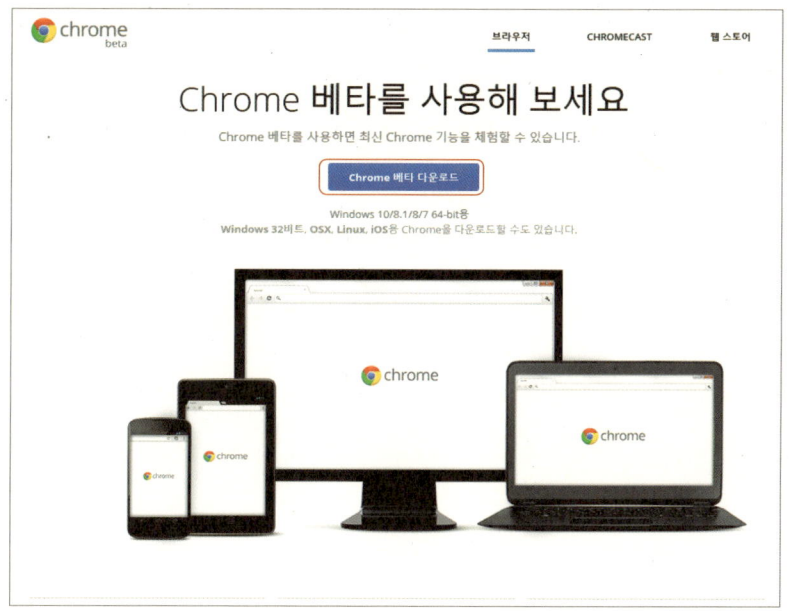

제대로 설치되었는지 확인하기 위해 크롬 브라우저의 '도움말 > chrome 정보' 메뉴를 클릭하여 버전을 확인합니다. 다음 그림처럼 크롬 브라우저 버전이 61이상인 경우 설치가 제대로 완료된 것입니다.

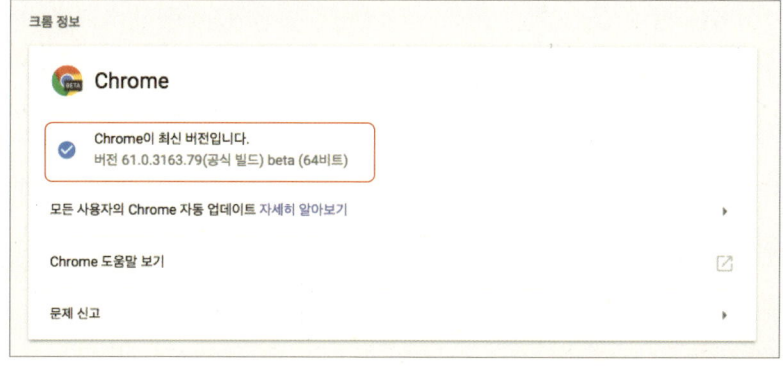

또 다른 한 가지 모듈은 AJAX 호출 등과 마찬가지로 로컬 환경에서는 개발 테스트를 할 수 없습니다. 그러므로 서버 환경에서 실행하거나, localhost 등을 설정하여 실행해야 하는데 chapter 1~2 환경 설정을 참고하시면 됩니다.

준비가 모두 완료 되었으면 이제 본격적으로 모듈을 공부해 보도록 하겠습니다.

6-2-2 모듈 선언

모듈은 자바스크립트 코드의 재사용성을 높이는데 매우 도움이 됩니다. ES6이전에도 모듈화를 구현하기 위한 방법은 존재하였습니다. 특히 CommonJS와 AMD 라이브러리는 매우 범용적으로 사용되었으며, 지금도 지속적으로 연구되고 있습니다.
이러한 모듈의 주요 기능은 아래와 같습니다.

- 자신만의 독립적인 실행영역(scope)을 갖기
- 전역변수와 지역변수를 나누어 선언
- 비동기로 모듈을 로드하여 사용

ES6에서의 모듈은 기존 자바스크립트와 동일하지만 〈script type="module"〉로 선언해 주어야 하며, import와 export 키워드를 추가적으로 사용할 수 있습니다. 모듈은 자신만의 독립적인 scope를 가지며, 변수 또는 함수 등은 비공개 API로 선언됩니다.
그런데 모든 API가 비공개라면 코드를 재사용할 수가 없으므로 공개 API를 선언할 수 있어야 하는데, export 키워드를 앞에 붙이고 변수 또는 함수 등을 선언 시 공개 API로 선언됩니다.
모듈에서 다른 모듈의 공개 API를 사용하기 위해서는 먼저 모듈 로드가 선행되어야 합니다. 모듈 로드는 import 키워드를 사용하여 로드할 파일 위치를 지정해 주고, 필요한 공개 API를 설정해줄 수 있습니다.

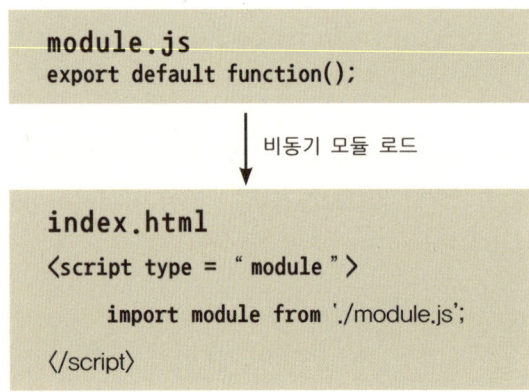

그럼 좀 더 자세히 import와 export 키워드를 살펴보겠습니다.

기본값 사용(default)

모듈에서 공개 API 선언 시 기본값을 선언해 줄 수 있습니다. export 키워드 뒤에 default 키워드를 추가해 주면 기본값으로 선언이 됩니다. 이렇게 내보낸 기본값은 import 키워드 뒤에 명명하여 불러올 수 있습니다.

다음 예를 살펴보겠습니다.
먼저 module.js 파일을 생성하고 내보낼 기본값을 선언해 줍니다.
export 키워드 뒤에 default 키워드를 붙이고 함수를 선언해 주었습니다.
index.html에서 import 키워드 뒤에 불러온 API를 참조할 변수를 명명하고, 뒤에 from 키워드를 붙여주어 모듈파일의 위치를 지정하였습니다.

- module.js

```javascript
export default function(){     ← 기본값 내보내기에 함수를 선언
    console.log('module import');
}
```

- index.html

```javascript
import foo from './module.js';     ← module.js 모듈을 불러오고 기본값을 foo 변수에 참조
foo();     ← 결과는 "module import" 출력
```

기명값 사용

모듈 내보내기 시 기명값을 참조할 수 있습니다. 미리 선언된 기명값을 참조하거나, export 키워드 뒤에 기명값을 선언하여 참조할 수 있습니다. export 키워드 뒤에 {}안에 선언된 기명값을 넣어 참조하거나 export 뒤에 기명값을 선언할 수 있습니다.

내보낸 모듈을 import하여 {}안에 내보낸 기명값을 같은 이름의 변수에 참조하여 API를 사용할 수 있습니다.

다음 예를 살펴보겠습니다.
module.js 파일에 area 함수와 round 함수를 선언하고, export 키워드 뒤에 {}안에 기명값을 참조 하였습니다. index.html 파일에서 module.js 모듈을 불러와 {}안에 같은 이름의 변수 선언하여 내보낸 기명값을 참조하였습니다.

- module.js

```javascript
export {area, round}     ← area 함수와 round 함수 내보내기

let x = 10;
let y = 20;

function area(){
    return x * y;
}

function round(){
    return (x + y) * 2;
}
```

- index.html

```javascript
import {area, round} from './module.js';    ← module.js 모듈을 불러와 내보낸 기명값을 {}안에 같은
                                               이름의 변수에 참조
console.log(area());     ← 결과는 200
console.log(round());    ← 결과는 60
```

기명값에 별칭 부여하여 사용

앞서 살펴본 기명값 사용 시 as 키워드를 붙여 별칭을 부여할 수 있습니다.
as 키워드를 붙이고 뒤에 별칭을 명명합니다.
아래 여러 예를 살펴보겠습니다.

1) 여러 기명값에 별칭 부여

module.js 파일에서 변수 a1, a2를 기명값으로 내보내고, index.html 파일에서 module.js 모듈을 불러와 a1은 b1, a2는 b2로 별칭을 부여하였습니다.

- module.js

```
export {a1, a2};    ← a1, a2 기명값 내보내기
var a1, a2;
```

- index.html

```
import {a1 as b1, a2 as b2} from './module.js';    ← a1 -> b1, a2 -> b2로 별칭을 부여하여 참조
```

2) 기본값과 기명값을 불러와 별칭 부여

module.js 파일에서 기본값과 변수 a를 기명값으로 내보내고, index.html 파일에서 module.js 모듈을 불러와 기본값은 def로 a는 b로 별칭을 부여하였습니다.

- module.js

```
export default {}      ← 기본값 내보내기
export a = 100;        ← 기명값 내보내기
```

- index.html

```
import def, {a as b} from './module.js';    ← 기본값은 def, a는 b로 별칭 부여
```

한꺼번에 공개 API 불러오기

앞서 살펴본 모듈 공개 API는 각각 개별키에 참조하여 하나씩 할당해 주었습니다. *키워드를 사용하면 개별이 아닌 한꺼번에 API를 불러올 수 있습니다. 이때 *키워드는 뒤에 as 키워드를 붙여 별칭을 부여해 주어야 하고, 명명된 키에는 공개 API가 Module 객체의 속성에 참조됩니다.

> *키워드는?
> all 이라는 뜻입니다.

다음 예를 살펴보겠습니다.

module.js 파일에서 기본값과 a, b 기명값을 내보내고, index.html 파일에서 module.js 모듈을 불러와 *키워드를 사용하여 전체 공개 API를 module 변수에 참조하였습니다. 출력된 module 변수는 Module 객체를 참조하며, 속성으로 공개 API 전부를 참조하고 있음을 볼 수 있습니다.

- module.js

```js
export default class {}    ← 기본값 내보내기
export {a, b}              ← 기명값 내보내기
var a = 100;
var b = 200;
```

- index.html

```js
import * as module from './module.js';    ← 모든 공개 API를 module 변수에 참조
console.log(module);    ← 결과는 Module 객체( {a:100, b:200, default:class} ) 출력
```

이번 장에서는 모듈에 대해서 살펴봤습니다.

단 | 원 | 핵 | 심 | 정 | 리

다음은 모듈 사용 시 장점을 정리한 표입니다.

	모듈 사용 시 장점
독립적인 실행영역(scope) 생성	모듈을 사용하면 자동으로 독립적인 실행영역(scope)을 만들어 주므로, 이를 위해 별도의 노력을 기울이지 않아도 되어 작업 시간을 단축시킬 수 있고 외부 라이브러리나 불필요한 코드를 작성하지 않아도 됩니다.
비동기 로드	모듈은 재사용이 쉽도록 미리 작성해 두었다가 필요할 때 로드하여 사용할 수 있어 생산성을 높여 줄 수 있습니다.

1 작성된 클래스를 모듈화시켜 봅시다.

문 | 제 | 풀 | 면 | 서 | 복 | 습 | 하 | 기

모듈화하기 전에 작성된 예제를 살펴보도록 하겠습니다.

다음 예제는 Loader 클래스에서 JSON 데이터를 로드하여 body에 데이터를 출력하도록 작성되었습니다.

ex01.html 파일에서 Loader 클래스가 작성된 loader.js 파일을 불러놓고, Loader 클래스의 load 메서드를 호출하면 전달 인자 url에 위치한 파일을 로드하여 응답 데이터를 전달받도록 수행해줍니다.

코드를 보면서 좀 더 자세히 살펴봅시다.

다음 코드는 body에 노출시킬 JSON 데이터입니다. success 속성의 값을 읽어오고 있습니다.

example/chapter6/6-2/ex01.html
```
1   {
2       "success" : "성공"
3   }
```

다음 파일은 Loader 클래스입니다.

Loader 클래스 인스턴스에 load 메서드를 호출하여 전달인자인 url 값에 위치한 파일의 data를 불러와 이를 콜백 전달해 주고 있습니다.

```
1   class Loader{                    ← Loader 클래스 선언
2       constructor(){
3
4       }
5
6       load({url, callback}){       ← 인수에 데이터 경로와 데이터를 전달받을 콜백을 전달받음
7           const promise = new Promise((resolve, reject)=>{
8               let req = new XMLHttpRequest();
9               req.open('GET', url);
10              req.send();
11              req.onreadystatechange = ()=>{
12                  if(req.readyState == req.DONE){
13                      if(req.status == 200){
14                          callback.call(this, req.response);    ← 데이터를 불러오면 콜백함
                                                                     수에 데이터 전달
15                      } else {
```

```
16                         console.log(req.statusText);
17                     }
18                 }
19             }
20         });
21     }
22 }
```

다음 코드는 Loader 클래스를 불러와 인스턴스를 생성한 뒤 데이터를 불러오도록 load 메서드를 호출하여 전달받은 데이터를 body에 출력하도록 합니다.

```
1  <script type="text/javascript" src="./js/loader.js"></script>     ← Loader 클래스를
                                                                        불러옴
2  <script type="text/javascript">
3      const loader = new Loader();         ← Loader 클래스 인스턴스 선언
4      loader.load({        ← 데이터 로드를 수행하도록 메서드 호출
5          url:'./data/data.json',
6          callback:function(data){         ← data 인수에 데이터를 전달받음
7              document.body.innerHTML = JSON.parse(data).success;   ← body에 데이터의
                                                                        success 속성값을 출력
8          }
9      });
10 </script>
```

작성된 예제를 실행해 보면 다음과 같이 결과가 출력되는 것을 볼 수 있습니다.

위에서 살펴본 예제의 Loader 클래스는 모듈화가 되어있지 않아, 비동기로 불러와 사용할 수 없습니다. 이를 모듈화하여 index.html 파일에서 모듈을 불러와 위와 같은 동작을 하도록 수정해 봅시다.

먼저 Loader 클래스를 모듈화 시켜 보도록 하겠습니다.
export 키워드를 추가하여 모듈 내보내기를 하여 비동기로 모듈을 불러올 수 있도록 변경합니다.
이때 모듈 기본값이 되도록 default 키워드를 추가해 주었습니다.

```
1   export default class {        ← export 키워드를 추가
2       constructor(){
3
4       }
5
6       load({url, callback}){
7           const promise = new Promise((resolve, reject)=>{
8               let req = new XMLHttpRequest();
9               req.open('GET', url);
10              req.send();
11              req.onreadystatechange = ()=>{
12                  if(req.readyState == req.DONE){
13                      if(req.status == 200){
14                          callback.call(this, req.response);
15                      } else {
16                          console.log(req.statusText);
17                      }
18                  }
19              }
20          });
21      }
22  }
```

다음은 모듈을 불러올 수 있도록 index.html 파일을 수정해 주도록 하겠습니다.

Loader 클래스를 불러오는 script 태그를 삭제하고 대신 아래 구문에 import 키워드를 사용하여 모듈을 불러옵니다. import 키워드를 사용하기 위해서는 script 태그에 type="module"이 추가되어야 합니다.

위에서 default 키워드를 붙여 내보내기 하였으므로, 모듈 명명을 선언하여 전달 받습니다.

```
1   ← loader.js를 불러오는 <script>태그 삭제
2   <script type="module"> ← type="module"을 추가하여 모듈선언
3       import Loader from './js/loader.js';   ← import 키워드를 사용하여 모듈을 불러오고
                                                  Loader 변수에 할당

4       const loader = new Loader();
5       loader.load({
6           url:'./data/data.json',
7           callback:function(data){
8               document.body.innerHTML = JSON.parse(data).success;
9           }
10      });
11  </script>
```

이제 모듈화가 완료되었습니다. 제대로 수정이 되었는지 실행하여 결과를 확인해 봅시다.

다음과 같이 화면에 출력되었습니다.

성공

ECMAScript 6

이번 장에서는 지금까지 학습한 내용을 응용하여 프로젝트를 만들어 보겠습니다.
해야 할 일을 입력하여 목록을 추가시키고 해당 목록의 수정, 삭제 버튼을 클릭하여 목록의 내용을 수정하거나, 삭제할 수 있는 앱을 만들어 보겠습니다.

실전 프로젝트

07-1 TODO List 앱 살펴보기
07-2 TODO List 구조 잡기
07-3 코드 작성하기

07-1
TODO List 앱 살펴보기

지금까지 공부한 내용을 활용할 수 있는 실전예제 TODO List 앱을 만들어 보도록 하겠습니다.

이 장에서 만들어 볼 TODO List 앱의 기능은 매우 간단합니다. 입력 폼을 통해 해야 할 일을 입력하면 아래 목록에 할 일이 추가되고 목록의 수정을 클릭하여 해당 목록의 내용을 수정, 삭제를 클릭하여 목록을 삭제하는 기능이 동작하면 됩니다.

먼저 완성된 예제를 실행하여 동작해 봅시다.

example_complete/chapter7/app.html

예제에서는 모듈을 사용하고 있어 서버 환경에서 실행하거나, localhost 등을 설정하여 실행해야 하는데 chapter 1~2 환경 설정을 참고합니다.

실행된 화면을 보면 할일을 입력할 입력 폼이 보이고 그 아래 입력된 할일 목록이 출력됩니다.

그리고 각 목록에는 수정, 삭제 버튼이 있어 작성된 할일을 수정하거나 삭제가 가능합니다.

07-2
TODO List 구조 잡기

이제 TODO List 앱을 직접 개발해 보도록 하는데 그 전에 앱의 구조를 살펴보도록 하겠습니다.

TODO List 앱의 예제 파일은 아래와 같은 구조로 되어 있으며, html, css, js 파일 등 세 가지 역할을 하는 모듈 파일로 구성되어 있습니다.

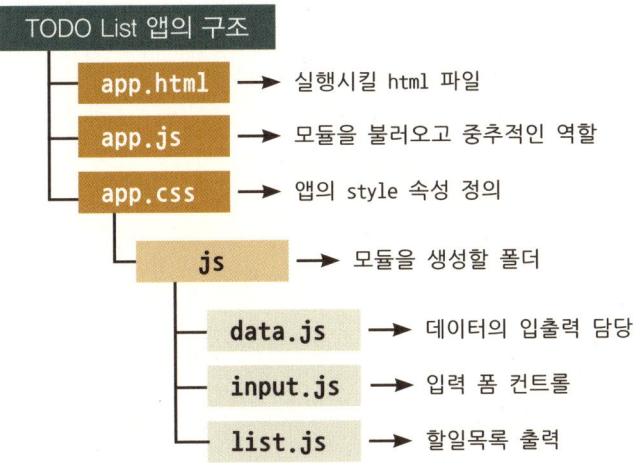

app.html에는 DOM 조작의 편의를 위해 다음과 같이 id를 지정해 주었습니다.
간단한 상황을 살펴보면 #value 입력 폼에 값을 입력한 후 #btn을 클릭하여 저장하면 #list에 목록 하나가 추가된다고 보시면 됩니다.

다음은 모듈간의 상호 작용을 그림으로 나타내 보았습니다.

모든 모듈은 app 모듈을 통해 서로 상호 작용을 하도록 설계하였습니다.

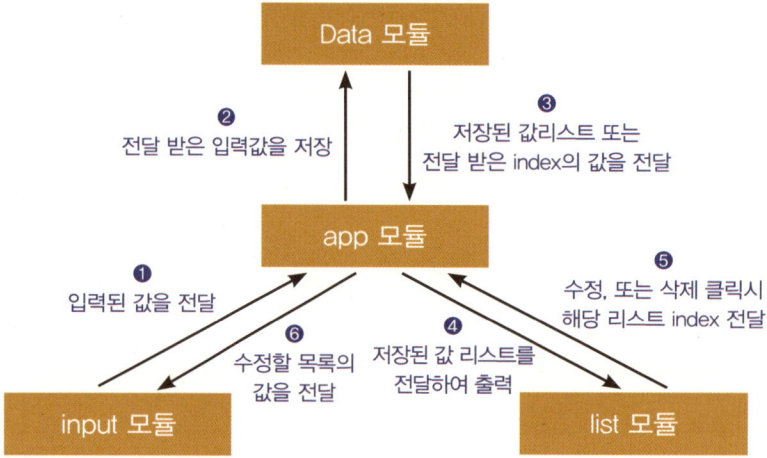

07-3
코드 작성하기

ToDo List 앱 개발에 필요한 예제 파일을 하나씩 만들어 보도록 합시다.

먼저 data 모듈을 작성해 보도록 하겠습니다.

모듈과 클래스를 선언하고 데이터를 저장할 배열과 전달받은 입력값을 저장할 api를 추가해 주겠습니다.

다음과 같이 작성해 주세요.

example/chapter7/js/data.js

```
1   export default class{            ← 모듈과 클래스 선언
2       constructor(){
3           this._list = [];         ← 데이터를 저장할 배열 선언
4       }
5
6       add(value){    ← 입력된 값을 전달받아 저장하는 함수
7           if(!value) return;
8
9           const obj = {    ← 배열에 저장할 항목의 타입은 객체이며, 할일을 작성한 글과 작성 날짜를 저장
10              content:value,
11              date:date:new Date()
12          };
13          this._list.push(obj);
14      }
15  }
```

이제 app 모듈에서 작성된 data 모듈을 불러와 instance를 생성해 줍니다.

example/chapter7/app.js

```
1    import Data from './js/data.js';    ← data 모듈을 불러옴
2
3    const data = new Data();    ← 모듈에 선언된 클래스의 인스턴스를 생성
```

다음은 입력한 값을 전달할 input 모듈을 작성해 보도록 하겠습니다.

모듈과 클래스를 선언해 주고 입력 폼에 값을 입력 후 저장 버튼을 클릭하면 입력된 값을 전달하도록 작성해 줍니다.

example/chapter7/js/input..js

```
1    export default class{    ← 모듈과 클래스 선언
2        constructor({save}){    ← 저장된 값을 전달하기 위해 콜백함수를 전달받음
3            this.$value = $('#value');
4            this.$btn = $('#btn');
5            this.save = save;
6
7            this.$btn.on('click', ()=>{    ← 저장버튼을 클릭시 입력된 값을 콜백함수에 전달
8                let value = this.$value.val();
9                this.$value.val(' ');
10               this.save.call(this, value);
11           });
12       }
13   }
```

이제 app 모듈에서 input 모듈을 불러와 인스턴스 생성 후 입력된 값을 전달 받고 이를 data 모듈에 전달하여 저장해 봅시다.

example/chapter7/app.js

```
1    import Data from './js/data.js';
2    import Input from './js/input.js';    ← input 모듈을 불러옴
3
4    const data = new Data();
5
6    const input = new Input({    ← input 모듈에 선언된 클래스의 인스턴스를 생성
7        save:function(value){    ← 입력된 값을 전달받기위해 콜백함수를 생성자에 전달
8            data.add(value);
9        }
10   });
```

할 일을 입력하여 저장하는 과정까지 완료되었다면 이제 저장된 할 일 목록을 출력해 주어야 합니다.

list 모듈을 선언하고 data 모듈로 부터 전달받은 데이터가 출력되도록 작성하겠습니다.

example/chapter7/js/list.js

```
1   export default class{        ← 모듈과 클래스 선언
2       constructor(){
3           this.$list = $('#list');
4
5           this.render([]);
6       }
7
8       render(list){            ← 전달 받은 데이터를 출력해 줄 함수
9           this.$list = $('#list').empty();    ← 목록을 그려줄 때 기존 목록은 삭제
10
11          if(list.length > 0){    ← 데이터의 수가 0보다 클경우
12              for(let row of list){
13                  let self = this;
14                  let template = `<tr>        ← 템플릿 문자열로 목록 html을 작성
15                                      <td><span>${row.content}</span></td>
16                                      <td class="text-center"><span>${row.date}</span></td>
17                                      <td class="text-right">
18                                          <input class="btn btn-default btn-modify" type="button" value="수정" />
19                                          <input class="btn btn-default btn-delete" type="button" value="삭제" />
20                                      </td>
21                                  </tr>`;
22
23                  let $template = $(template);
24                  this.$list.append($template);    ← 작성된 목록 html을 차례로 붙여넣는다
25              }
26          } else {        ← 데이터가 없을 경우 처리
27              let template = `<tr>
28                                  <td colspan="3" class="no-list">
29                                      <span>등록된 할 일이 없습니다.</span>
30                                  </td>
31                              </tr>`;
32              let $template = $(template);
33              this.$list.append($template);
34          }
35      }
36  }
```

이제 app 모듈에서 list 모듈을 불러와 인스턴스 생성 후 data 모듈로 부터 데이터를 전달받아 list 모듈에 전달하여 목록을 출력해 봅시다.

data 모듈로 부터 데이터를 전달받으려면 메서드를 추가해 주어야 합니다.

example/chapter7/js/list.js

```
1   export default class{
2       constructor(){
3           this._list = [];
4       }
5
6       get list(){          ← 저장된 데이터를 전달하는 메서드 추가
7           return this._list;
8       }
9
10      add(value){
11          if(!value) return;
12
13          const obj = {
14              content:value,
15              date:new Date()
16          };
17          this._list.push(obj);
18
19          console.log(this._list);
20      }
21  }
```

example/chapter7/app.js

```
1   import Data from './js/data.js';
2   import Input from './js/input.js';
3   import List from './js/list.js';
4
5   const data = new Data();
6
7   const input = new Input({
8       save:function(value){
9           data.add(value);
10          list.render(data.list);     ← data 모듈에서 데이터를 얻어 list 모듈에 전달
11      }
12  });
13
14  const list = new List();
```

여기까지 작성하였다면 입력 폼에 할 일을 입력하면 목록에 출력되는 것을 확인할 수 있습니다.

작성한 예제를 실행하여 확인해 보도록 합시다.

입력 폼에 할 일 입력 시 다음 그림처럼 출력되는 것을 볼 수 있습니다.

입력은 어느 정도 완성 되었습니다. 그런데 시간 출력을 조금 다듬을 필요가 있어 보이고, 수정, 삭제 기능을 추가해 주어야 합니다.

먼저 보기에 불편한 시간 표시 유형을 YYYY-MM-DD 형태로 보여주도록 수정하겠습니다.

example/chapter7/js/data..js
```
1   export default class{
2       constructor(){
3           this._list = [];
4       }
5
6       get list(){
7           return this._list;
8       }
9
10      add(value){
11          if(!value) return;
12
13          const obj = {
14              content:value,
15              date:this.formatDate()    ← 시간 format을 변경하여 저장
16          };
17          this._list.push(obj);
18      }
```

```
19
20      formatDate() {        ← date format을 변경해 주는 함수 추가
21          let date = new Date();
22          let month = ' ' + (date.getMonth() + 1);
23          let day = ' ' + date.getDate();
24          let year = date.getFullYear();
25
26          if (month.length < 2) month = '0' + month;
27          if (day.length < 2) day = '0' + day;
28
29          return [year, month, day].join('-');
30      }
31  }
```

다시 예제를 실행하면 시간이 원하는 형태로 보입니다.

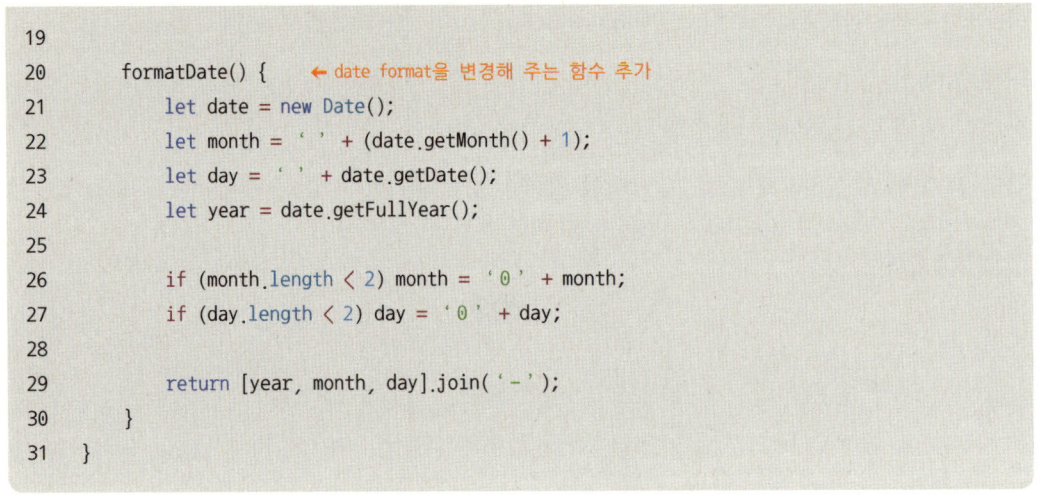

이제 목록의 [삭제] 버튼을 누르면 목록이 삭제될 수 있도록 추가해 보겠습니다.

우선 list 모듈의 목록 중 하나의 [삭제] 버튼을 클릭하면 해당 목록의 index를 data 모듈에 전달하여 선택적으로 데이터를 삭제할 수 있도록 해줍니다.

데이터 삭제가 완료되면 다시 목록을 출력하도록 처리합니다.

먼저 [삭제] 버튼을 클릭하면 해당 목록의 index를 app에서 전달받을 수 있도록 콜백 함수를 list에 전달하겠습니다.

example/chapter7/app..js

```
코드 생략 ...
1   const list = new List({
2       del:function(index){      ← list 모듈에 삭제할 목록의 index를 전달받는 콜백함수를 전달
3
4       }
5   });
```

이제 list 모듈에 [삭제] 버튼을 클릭하면 목록의 index를 전달하도록 추가해 주겠습니다. [삭제] 버튼에 클릭 이벤트를 생성하고, 클릭이 발생하면 해당 엘리먼트의 index를 얻어 app 모듈에 전달합니다.

```
1   export default class{
2       constructor({del}){        ← app 모듈로 부터 콜백함수를 전달받음
3           this.del = del;        ← this에 참조함
4           this.$list = $('#list');
5
6           this.render([]);
7       }
8
9       render(list){
10          this.$list = $('#list').empty();
11
12          if(list.length > 0){
13              for(let row of list){
14                  let self = this;
15                  let template = `<tr>
16                                      <td><span>${row.content}</span></td>
17                                      <td class="text-center"><span>${row.date}</span></td>
18                                      <td class="text-right">
19                                          <input class="btn btn-default btn-modify" type="button" value="수정" />
20                                          <input class="btn btn-default btn-delete" type="button" value="삭제" />
21                                      </td>
22                                  </tr>`;
23
24                  let $template = $(template);
25                  this.$list.append($template);
26
```

```
27                    $template.find('.btn-delete').bind('click', function(){
                                                              ← 삭제 버튼에 클릭 이벤트 생성
28                        self.del.call(this, $(this).parents('tr').index());
                                                              ← app 모듈에 index를 전달
29                    });
30                }
31            } else {
32                let template = `<tr>
33                                    <td colspan="3" class="no-list">
34                                        <span>등록된 할 일이 없습니다.</span>
35                                    </td>
36                                </tr>`;
37                let $template = $(template);
38                this.$list.append($template);
39            }
40        }
41    }
```

app 모듈에서 삭제할 목록의 index를 전달 받았으면, data 모듈에서 해당 index를 전달 받아 데이터를 삭제해주어야 하므로, 함수를 추가하여 index를 전달받고 해당 index의 데이터를 삭제해주도록 합니다.

example/chapter7/js/data..js

```
코드 생략...
1     remove(index){        ← index를 전달받아 해당 index 데이터 삭제해주는 메서드 추가
2         this._list.splice(index, 1);
3     }
```

다시 app 모듈로 돌아와 list 모듈로 부터 전달받은 index를 data 모듈의 remove 메서드를 호출하여 전달해줍니다.

```
코드 생략...
1     const list = new List({
2         del:function(index){
3             data.remove(index);      ← 데이터 모듈에 index를 전달하여 데이터 삭제 처리
4             list.render(data.list);  ← 목록의 데이터가 삭제 되었으므로, 목록을 리셋함
5         }
6     });
```

여기까지 잘 작성하였다면, 목록을 추가 후 [삭제] 버튼을 클릭하면 클릭된 목록이 삭제되는 것을 볼 수 있습니다.

이제 마지막 남은 수정 기능은 각자 고민하여 기능을 추가해 봅시다.
example_complete/chapter7 폴더에서 예제의 완성된 코드를 확인하실 수 있는데, 코드에는 정답이 없으므로 고민하여 끝까지 완성해 주시길 바랍니다.

ECMAScript 6

부록에서는 ECMAScript 2106, 2017에 추가된 API를 정리하였습니다. ES6(ECMAScipt 2015)만큼의 많은 API의 변화는 없지만, 불필요한 API를 정리하고 보안하여 추가되었습니다.

ECMAScript 2016 & 2017 주요 특징

APPENDIX-1 ECMAScript 2016 주요 특징
APPENDIX-2 ECMAScript 2017 주요 특징

APPENDIX-1
ECMAScript 2016 주요 특징

ECMAScript 2016의 주요 특징입니다.

배열과 타입 배열에 추가된 메서드

배열과 타입 배열에 추가된 include(SearchElement, FromIndex) 메서드는 특정 원소가 포함되는지 여부를 확인할 수 있도록 해줍니다. 기존에는 직접 배열의 원소를 순회하여 특정 원소가 포함 되었는지 확인했어야 하는데 그 수고로움을 덜 수 있게 되었습니다.

다음 예에서 배열에 특정 원소가 포함되었는지 여부를 확인해보도록 하겠습니다.

```
console.log(arr.includes(3));    // true, 배열에 원소 3이 포함되어 있음
console.log(arr.includes(2, 1)); // true, 배열의 index 1원소는 2이므로 true
console.log(arr.includes(2, 2)); // false, 배열의 index 2원소는 2가 아니므로 false
```

다음 예에서 타입 배열에 특정 원소가 포함되었는지 여부를 확인해보도록 하겠습니다.

```
const uint8 = new Uint8Array(1,2,3);
console.log(arr.includes(3));    ← true, 배열에 원소 3이 포함되어 있음
console.log(arr.includes(2, 1)); ← true, 배열의 index 1원소는 2이므로 true
console.log(arr.includes(2, 2)); ← false, 배열의 index 2원소는 2가 아니므로 false
```

지수 연산자

지수 연산자(**)는 거듭 제곱을 연산해 주는데, 기존에도 Math.pow 메서드로 거듭 제곱 연산이 가능하였으나 ** 연산자를 사용하여 보다 간단하게 처리할 수 있게 되었습니다.

다음 예는 Math.pow를 사용하였을 때와 ** 연산자를 사용하였을 때를 비교하였습니다. ** 연산자를 사용하였을 때 작성이 더 간단해 졌습니다.

```javascript
// Math.pow메서드를 사용하여 거듭 제곱
const square = Math.pow(10, 2);
const cube = Math.pow(10, 3);

// **연산자를 사용하여 거듭 제곱
const squere = 10 ** 2;
const cube = 10 ** 3;
```

기타 주요 특징

- 나머지 매개변수 디스트럭쳐링 구문 적용

나머지 매개변수에도 디스트럭쳐링 구문을 적용할 수 있게 되었습니다.

다음 코드는 나머지 매개변수에 디스트럭쳐링 구문을 적용한 예입니다.

```javascript
const restParam = (...[a, b, c])=> {
       console.log(a, b, c);    ← 결과는 1, 2, undefined
}
restParam(1, 2);
```

- Proxy의 enumerate handler 삭제

Proxy의 trap메서드 중 enumerate는 삭제되어 더 이상 사용할 수 없습니다.

APPENDIX-2
ECMAScript 2017 주요 특징

ECMAScript 2017의 주요 특징입니다.

객체에 추가된 메서드

객체(Object)에 추가된 Object.values, Object.entries, Object.getOwnpropertyDescriptors 메서드에 대해서 알아보겠습니다.

- Object.values(obj)

Object.values 메서드는 객체의 속성값을 열거하여 배열의 원소로 만들어 줍니다.
이때, 속성값을 열거하는 순서는 for...in 문과 동일합니다. 다만, 객체의 prototype 속성은 열거 대상에서 제외됩니다.

다음은 Object.values 메서드를 호출하여 객체의 속성 값을 열거해 보도록 하겠습니다.

```
const obj = {2:'b', 1:'a', 3:'c'};
console.log(Object.values(obj));    ← 결과는 ['a', 'b', 'c'], 객체의 속성 값을 원소로하는 배열 반환
```

- Object.entries(obj)

Object.entries 메서드는 객체의 속성과 값을 쌍으로 하는 배열을 원소로 만들어 줍니다.
이때, 속성값을 열거하는 순서는 for...in 문과 동일합니다. 다만, 객체의 prototype 속성은 열거 대상에서 제외됩니다.

다음은 Object.entries 메서드를 호출하여 객체의 속성과 값을 열거해 보도록 하겠습니다.

```
const obj = {2:'b', 1:'a', 3:'c'};
console.log(Object.entries(obj));    ← 결과는 [[1,'a'],[2,'b'],[3,'c']] 객체의 속성과 값을 쌍
                                       으로 하는 배열을 원소로하는 배열 반환
```

• Object.getOwnPropertyDescriptors(obj)

Object.getOwnPropertyDescriptors 메서드는 객체의 모든 속성 설명을 전달합니다. 기존의 Object.getOwnPropertyDescriptor 메서드의 경우 하나의 속성에 대한 설명을 전달 받았다면 Object.getOwnPorpertyDescriptors 메서드는 객체의 모든 속성의 설명을 전달해 준다는 차이가 있습니다.

다음은 객체에 두 개의 속성에 설명자를 정의해 주고 Object.getOwnPropertyDescriptors 메서드를 호출하여 정의한 두 속성 설명자를 전달받아 출력하였습니다.

```
var obj = {};
Object.defineProperty(obj, 'p1', {    ← 객체 p1 속성에 설명자 정의
   value:'p1Value',
   writable:true,
   configurable:true,
   enumerable:true
});
Object.defineProperty(obj, 'p2', {    ← 객체 p2 속성에 설명자 정의
   value:'p2Value',
   writable:false,
   configurable:false,
   enumerable:false
});
var description = Object.getOwnPropertyDescriptors(obj);    ← 객체 속성 설명자들을 전달 받음
console.log(description);    ← 결과는 아래와 같이 객체가 출력됨
             {p1:{value:'p1Value', writable:true, configurable:true, enumerable:true}
              p2:{value:'p2Value', writable:false, configurable:false, enumerable:false}}
```

문자열에 추가된 메서드

- String.padStart(targetLength, padString)

String.padStart 메서드는 문자열 앞에 지정한 길이가 되도록 원하는 문자열을 반복해서 메워 넣어 줍니다.

다음은 'def' 문자열 앞에 'abc' 문자열을 메워 넣어 주었습니다. 이때 문자열의 길이가 지정한 길이만큼 되도록 반복적으로 메워집니다.

```
let str = 'def';
let padString = str.padStart(10, 'abc');   ← 'def' 문자열앞에 'abc' 문자열을 10글자가 될때까지
                                              반복하여 채워넣음

console.log(padString);   ← 결과는, 'abcabcadef'
```

- String.padEnd(targetLength, padString)

String.padEnd 메서드는 문자열 뒤에 지정한 길이가 되도록 원하는 문자열을 반복해서 메워 넣어 줍니다.

다음은 'abc" 문자열 앞에 'def' 문자열을 메워 넣어 주었습니다. 이때 문자열의 길이가 지정한 길이만큼 되도록 반복적으로 메워집니다.

```
let str = 'abc';
let padString = str.padStart(10, 'def');   ← 'abc' 문자열뒤에 'def' 문자열을 10글자가 될때까지
                                              반복하여 채워넣음

console.log(padString);   ← 결과는, 'abcdefdefd'
```

비동기 함수

비동기 함수는 프로미스를 보다 쉽게 사용할 수 있도록 도와줍니다. 비동기 함수를 사용하면 프로미스가 마치 동기식인 것처럼 코드 작성을 할 수 있어 가독성이 높아집니다.

비동기 함수는 함수 앞에 async 키워드를 붙여 선언하며, 함수 내부에 await 표현식을 사용할 수 있습니다.

await 표현식은 프로미스의 이행 결정을 기다렸다가 결과를 전달받습니다.

다음은 비동기 함수 내부에 1초 뒤에 이행 결정을 내리는 프로미스를 생성하고, await 표현식으로 이행 결과를 출력해 주었습니다. 비동기 함수를 마치 동기식처럼 코드를 작성하여 사용하여 코드의 가독성이 높아졌습니다.

```javascript
(async function(){        ← 비동기 함수 선언
    const promise = new Promise(resolve => {
        setTimeout(()=>{      ← 1초 후에 프로미스 이행 결정
            resolve('timeout');
        }, 1000);
    });

    let result = await promise;    ← 프로미스의 이행결정을 기다렸다가 결과를 전달받음
    console.log(result);    ← 결과는 'timeout'
})();
```

찾아 보기
INDEX

기호

@@iterator 메서드	76
** 연산자	189

A

add 메서드	77, 83
app 모듈	178
area 함수	164
ArrayBuffer	53
Array Function	136
Array iteration	33
async 키워드	192
await 표현식	192

B

Back-End	15

C

catch	95
class	146
class 키워드	146
clear 메서드	78
collections	70
const	28
constructor	147

D

data 모듈	178
Default Parameter	132
defineProperty트랩	106
deleteProperty트랩	109
delete 메서드	74, 78
Destructuring	120
Display 클래스	146

E

ECMAScript 6	14
ECMAScript 2016	188
ECMAScript 2017 1	90
entries 메서드	74, 76
executor	94
export	162
extends 키워드	150

F

foo 메서드	148
forEach 메서드	75, 79
for...in 문	39
for...of 문	38
Front-End	15

G

generator	60
getOwnPropertyDescriptor 트랩	107
getPrototypeOf 트랩	104
get 메서드	73
get 트랩	108
GitHub	18

H

has 메서드	75, 79
has 트랩	107
hoisting	27

I

import	162
include	188
input 모듈	178
isExtensible 트랩	105
iterable	38
Iterable	32, 34
Iterable Object	32
iteration	32
Iterator Protocol	34
iterator 메서드	32

K

keys 메서드	75

L

let	24
list 모듈	179
localhost	21
logPosition 프로토타입 메서드	152
logScale 프로토타입 메서드	152

M

Map	70
message	134
Module	160

N

new	71
new 연산자	140
new 키워드	146
next 메서드	60, 64

O

Object.entries 메서드	190
Object.getOwnPropertyDescriptors 메서드	191
Object.values 메서드	190

P

preventExtensions 트랩	106
primitive type	81
Promise	93
Promise.all 메서드	96
Promise.race 메서드	98
Promise 메서드	96
Protocol	32, 34
prototype	147
Proxy	102

R

Rect 클래스	150
reference type	81
Reflect	103
resolve	95

Rest Parameter	130
return 메서드	64
round 함수	164

S

scope	24
sendmessage	134
Set	76
setPrototypeOf 트랩	105
set 메서드	72, 82
set 트랩	108
Spread Operator	114
static	149
static foo 메서드	149
static 메서드	149
String iteration	32
String.padEnd 메서드	192
String.padStart 메서드	192
super 키워드	152
Symbol	88

T

Tagged template literal	46
Tagged template literals	44
Template literals	44
then	95
this	139
this 키워드	148
throw 메서드	65
TODO Lis	174
trap	102
Typed Array	53
Typed array views	54
typeof 연산자	92

U

UintClamedArray	54

V

values 메서드	75
var	26

variables	38

W

WeakMap	80
WeakSet	82
Webserver for Chrome	20
window 객체	139

Y

yield	63
yield 표현식	60, 63

ㄱ

객체	70
객체 디스트럭쳐링	122
기본 매개변수	132
깃허브	18

ㄴ

나머지 매개변수	130

ㄷ

디스트럭쳐링	189

ㄹ

리터럴	44

ㅁ

맵	70
맵 메서드	72
맵 속성	72
메서드, entries	78
메서드 오버라이딩	153
모듈	160
모듈 선언	162

ㅂ

배열 디스트럭쳐링	120
배열 원소	115
백엔드	15
버퍼	53

보간 표현법	45
뷰	53
비구조할당	120
비동기 로드	167
비동기 함수	192

ㅅ

상속	149
상수 선언문	28
생성자 함수	146
셋	76
스코프	24
심볼	88

ㅇ

에크마스크립트	14
여러 줄 문자열	44
원시 타입	81
위크맵	80
위크셋	82
이터러블 객체	32
이터러블 규약	32
이터레이터 객체	33
이터레이터 규약	32, 33

ㅈ

정적 메서드	149
제너레이터	60
제너레이터 객체	64
제너레이터 함수	60
지수 연산자	189
지연 함수	93

ㅊ

참조 타입	81

ㅋ

컬렉션	70
클래스	146

ㅌ

타입 배열	53
태그드 템플릿 리터럴	44, 46
템플릿 리터럴	44
트랩	102

ㅍ

펼침 연산자	114
프로토타입 메서드	147
프로토타입 체이닝	153
프록시	102
프론트엔드	15

ㅎ

함수끌어올림	27
함수 블록	25
화살표 함수	136

무한상상 DIY 시리즈

라즈베리 파이 3 직접 코딩하기

wiringPi 라이브러리를 이용하여 아두이노 코딩처럼 배우는 라즈베리 파이 코딩북!

서민우 외 4인 공저 | 22,000원

아두이노 드론 만들고 직접 코딩하기
[3판]_드론 코드 완전 개정

아두이노 드론 만들고 직접 코딩하여 제어하고 날려보자!

서민우 저 | 22,000원

아두이노 드론 만들고 코딩하고 날리기 입문

중고생도 대학생도 쉽게 배울 수 있는 국내 최초 아두이노 드론 코딩 입문서!

서민우 외 6인 공저 | 17,000원

무한상상 DIY는 창의 과학 기반의 무한한 상상력을 키울 수 있는
IT 기술 기반의 기술과학창의력 학습서 시리즈이다.

아두이노 자율주행 RC카 만들고 직접 코딩하기

국내 최초 아두이노 자율주행 RC카 코딩북!

서민우, 김정훈 공저 | 20,000원

아두이노로 만드는 사물인터넷

안드로이드 블루투스, IOT 활용 센서 모터 활용법, 동작원리와 구조 이해

서민우 저 | 22,000원

다우블럭으로 만들고 엔트리로 코딩하기

하드웨어 블록과 소프트웨어 블록 코딩으로 상상하는 사물을 만들어보자!

서민우 외 6명 공저 | 18,500원

혼자서도 할 수 있는 시리즈

IT, 쇼핑몰, 홈페이지, 창업, 마케팅 등의 실무 기능을 혼자서도 배울 수 있도록 차근차근 단계별로 설명한 실용서 시리즈이다.

혼자서도 할 수 있는 아마존 월 매출 1억 만들기

무재고 무자본으로 바로 시작하는 아마존 판매!

황홍식 권오원 공저 | 17,500원

혼자서도 할 수 있는 블로그마켓

창업준비 | 만들기 | 구매력 높이는 글쓰기 | 단골고객 판매처 늘리기

정하림 강윤정 공저 | 21,000원

혼자서도 할 수 있는 블로그 마케팅

만들기 | 꾸미기 | 글쓰기 | 검색상위노출 | 방문자 늘리기

유성철 저 | 14,400원

혼자서도 할 수 있는 오픈마켓 창업 & 마케팅 핵심 전략

G마켓 | 옥션 | 11번가 | 스토어팜

김덕주 박진환 이상헌 공저 | 16,500원